EDSON BRANDI

CREATESPACE: COMO FORMATAR E PUBLICAR SEU LIVRO

UM GUIA PASSO A PASSO PARA INICIANTES

1.a Edição
São Paulo
2014

Copyright © 2014 Edson Brandi

ISBN-13: 978-1494934521
ISBN-10: 1494934523

Dedico este livro a minha esposa Virginia e aos meus filhos Natália e Artur,
sem o apoio e a paciência deles esta obra não teria sido possível.

SUMÁRIO

APRESENTAÇÃO

No inicio de 2013 eu escrevi um tutorial para auxiliar o pai da minha esposa na tarefa de formatar seus livros para serem publicados para o Kindle, quando o material ficou pronto percebi que o tema poderia ser do interesse de outras pessoas e acabei publicando o livro "Kindle: Como Formatar e Publicar seu Livro".

Naquela época eu não planejava vir a escrever outro pouco tempo depois sobre um tema semelhante, mas devido ao número de leitores que me questionaram ao longo do ano de 2013 sobre a melhor forma de publicar um livro tradicional, impresso sobre suporte físico, decidi que se viesse a escrever outro livro o tema que iria abordar seria este.

Da mesma forma que o primeiro, este livro foi escrito no formato de um guia passo a passo e é destinado a autores iniciantes, com pouca ou nenhuma familiaridade com o Microsoft Word.

Os tópicos são abordados na forma de tutoriais, os quais fazem uso intenso de figuras com o objetivo de facilitar o entendimento de cada etapa do processo de publicação de um livro pelo sistema de impressão sob demanda da CreateSpace.

Todos os procedimentos foram descritos sob o seu aspecto prático e a abordagem teórica se limita ao mínimo necessário para que o leitor possa compreender o porque da necessidade de executar uma determinada ação ou procedimento.

Ao contrário do que ocorre na formatação de um e-book, na qual buscamos manter a formatação simples para garantir uma boa apresentação do conteúdo independente do dispositivo no qual ele será consumido, ao formatarmos um livro para ser impresso temos a oportunidade de ajustar o formato do texto para ficar exatamente como queremos.

A maior parte dos livros publicados pelas grandes editoras é diagramado em programas profissionais como, por exemplo, o Adobe InDesign, porém é possível obter resultados finais excelentes utilizando apenas o Microsoft Word.

Ao longo dos próximos capítulos você irá descobrir como é simples publicar seu livro pela CreateSpace.

Boa Leitura e boa sorte!

Edson Brandi

São Paulo, 06 de janeiro de 2014.

CAPÍTULO 1

COMO ESTRUTURAR SEU LIVRO

Ao longo dos últimos séculos o mercado literário estabeleceu uma série de convenções sobre a forma como um livro impresso deve ser estruturado. Quando um autor opta por se encarregar diretamente da formatação e publicação da sua obra ele poderá ignorar estas convenções se desejar, mas ao fazê-lo saiba que você poderá afetar a forma como o seu livro será percebido pelos leitores, pois eles esperam encontrar um livro composto por elementos que são considerados padrões pelo mercado.

Segundo as convenções atuais, todo livro pode ser dividido em três partes, sendo composto por elementos pré-textuais, textuais e pós-textuais.

Os elementos pré-textuais

Todas as informações exibidas no início de um livro, antecedendo o conteúdo do livro propriamente dito, são classificadas como elementos pré-textuais (Front matter). A função destes elementos é apresentar o livro ao leitor e auxiliá-lo na compreensão do conteúdo que ele irá encontrar. Estes elementos normalmente são apresentados ao leitor em uma ordem pré-estabelecida e nem todos são obrigatórios.

Os elementos pré-textuais mais comuns são:

Capa - a capa é um dos elementos mais importantes de um livro, nunca se esqueça de que ao contrário do que recomenda o ditado popular um livro sempre será julgado pela sua capa.

Meio Título ou Título Bastardo - Esta página é opcional e contém apenas o título do livro. Normalmente é a primeira página que visualizamos ao abrir a capa de um livro.

Folha de rosto ou Página de Título - Esta página é obrigatória e normalmente apresenta o título, o subtítulo, o nome do autor, o nome do editor e a edição do livro. Ela também pode apresentar outras informações tais como ano e o país no qual o livro foi publicado. A folha de rosto que você deverá apresentar na Agência Brasileira do ISBN durante o processo descrito no Anexo I para obtenção de um número próprio de ISBN para o seu livro deverá conter estas mesmas informações.

Página de Direitos Autorais - Esta página é obrigatória e deve ser apresentada no verso da folha de rosto e deverá conter as informações sobre os direitos autorais, a edição e a publicação da obra. Também é comum encontrarmos nesta página o número de identificação ISBN e o histórico de impressão do livro.

Página da Ficha Catalográfica - O objetivo desta ficha é apresentar em um único local todas as informações necessárias para a catalogação da obra, tais como Nome do Autor, Editora, Ano de Publicação, ISBN e Assunto. Estas informações visam auxiliar as bibliotecas no processo de seleção e compra dos seus acervos, bem como facilitar a divulgação da obra perante os seus usuários. A presença da ficha catalográfica, elaborada segundo o padrão internacional CIP e em conformidade com artigo 6 do Capítulo 3 da Lei do Livro, é obrigatória para todos os livros impressos publicados no Brasil. A ficha catalográfica da sua obra poderá ser obtida junto a Câmara Brasileira do Livro (CBL), para maiores detalhes sobre o processo consulte o website da CBL - http://goo.gl/iqnhO

Página de Dedicatória - A página de dedicatória é opcional e é o local no qual o autor dedica a obra a alguém, normalmente um familiar ou outra pessoa que o autor deseje homenagear. Caso exista ela deverá vir logo após a página com a ficha catalográfica.

4

Sumário - A página de sumário é obrigatória e é composta de uma listagem dos capítulos e das seções do seu livro, os quais devem ser listados na ordem em que aparecem na sua obra.

Prefácio - O prefácio é opcional, e constitui-se de uma análise ou esclarecimento sobre a obra, normalmente é escrito por uma pessoa com reconhecida competência e autoridade sobre o tema abordado no livro, com o objetivo de dar ao leitor uma melhor visão sobre o que esperar do seu conteúdo. O prefácio normalmente é assinado com o nome da pessoa que o escreveu, informando ainda o local e a data em que o texto foi produzido.

Apresentação - A apresentação é o texto no qual o autor apresenta a sua obra ao leitor e a justifica indicando a sua finalidade e informando ao leitor quais tópicos serão abordados ao longo do livro. É um elemento opcional, mas considerado de extrema importância para auxiliar o leitor na sua decisão de compra.

Agradecimentos - A página de agradecimentos é opcional e normalmente traz menções que o autor faz a pessoas e/ou instituições que o ajudaram durante o processo de criação da obra.

Os elementos textuais

Os elementos textuais nada mais são do que o conteúdo propriamente dito da sua obra, o qual normalmente é composto por 3 partes lógicas: Introdução, Desenvolvimento e Conclusão. Nem sempre os capítulos de um livro são divididos de forma a deixar explícita a segmentação acima.

Os elementos pós-textuais

Todas as informações que são apresentadas ao leitor após o conteúdo principal do um livro são consideradas elementos pós-textuais. O objetivo destes elementos é complementar as informações que foram apresentadas anteriormente ao leitor.

Os elementos pós-textuais mais comuns são: Apêndices ou Anexos, Glossário, Referências Bibliográficas, Lista de Colaboradores e Índice Analítico.

Muitos dos elementos descritos acima são de uso opcional por parte do autor e você deverá fazer uso daqueles que fizerem sentido e que melhor se adequarem ao tipo de material que está escrevendo.

CAPÍTULO 2

COMO FORMATAR SEU LIVRO

Formatar um livro para impressão sob demanda (print on demand ou simplesmente POD) é um pouco mais complexo do que formatar um livro para ser distribuído como um e-book.

Quando formatamos um e-book nós buscamos manter a formatação o mais simples possível, pois não teremos controle sobre a forma como o livro será visualizado, uma vez que o leitor poderá optar por lê-lo em um smartphone, um tablet, um desktop, um dispositivo e-ink, etc.

Quando formatamos um livro par ser impresso, aquilo que estivermos vendo em nossa tela será exatamente o que será transferido para o papel, isto nos dá um controle muito maior sobre a apresentação final do nosso trabalho, porém também nos exige uma dedicação muito maior em relação a formatação do original.

É perfeitamente possível utilizar o Microsoft Word para formatar um livro impresso e obter excelentes resultados, mas você irá precisar de disciplina durante o processo de formatação para obter um arquivo final consistente.

Configurações básicas do MS Word

Antes de você iniciar a digitação e a formatação do seu documento existem algumas configurações que recomendo que sejam feitas de imediato. Se realizadas no início do trabalho de formatação elas irão evitar que você tenha uma série de problemas no futuro.

A primeira destas configurações está relacionada à forma como o MS Word irá tratar as fontes que você vier a utilizar no seu documento.

Incorporar as fontes ao documento

Para garantir a fidelidade entre o arquivo digital que você vai formatar e o livro que será impresso pela CreateSpace você deverá incluir no seu arquivo do MS Word todas as fontes que forem utilizadas na formatação do seu original e que não forem padrão no MS Windows. Por padrão o MS Word não inclui as fontes utilizadas nos arquivos que cria.

Para realizar essa configuração abra o arquivo do MS Word no qual você irá digitar e formatar o seu livro e clique no botão "Salvar", como indicado na figura 2.1.

Figura 2.1 - Botão Salvar

Ao clicar neste botão, você irá visualizar a tela de sistema utilizada para salvar seus documentos, digite o nome desejado para o seu arquivo no campo apropriado e depois clique no botão "Ferramentas" que existe na parte inferior da tela e escolha a opção "Opções de Salvamento...", como mostrado na figura 2.2.

Figura 2.2 - Opções de Salvamento

Ao escolher este item do menu, você irá visualizar a tela de opções de salvamento do MS Word, mostrada na figura 2.3

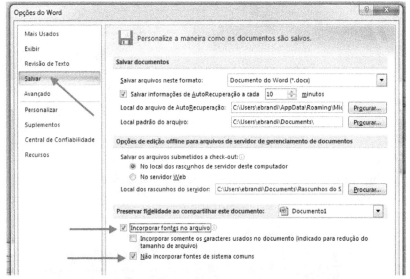

Figura 2.3 - Opções do Word

Na parte inferior da tela, marque as opções "Incorporar fontes no arquivo" e "Não incorporar fontes de sistema comuns", para salvar suas alterações e voltar para a tela anterior clique no botão "OK". Não finalize ainda o processo de salvamento do arquivo, pois temos mais uma configuração a fazer.

Desabilitar a compactação automática de imagens

Sempre que você adiciona uma imagem a um documento do MS Word, o software irá realizar por padrão uma compressão automática da mesma para reduzir o tamanho final do arquivo. Essa compressão irá reduzir a qualidade das suas imagens, o que não é desejável que aconteça.

Para evitar que isto ocorra devemos desabilitar o recurso de compactação automática. Para proceder com a configuração, clique novamente no botão "Ferramentas" que existe na parte inferior da tela de "Salvar como" e escolha a opção "Compactar Imagens...", como mostrado na figura 2.4.

Figura 2.4 - Acesso às opções de compactação de imagens

Ao fazer isto você irá visualizar a tela exibida na figura 2.5.

Figura 2.5 - Compactar Imagens

Agora clique no botão "Opções" para ir para a próxima tela, exibida na figura 2.6.

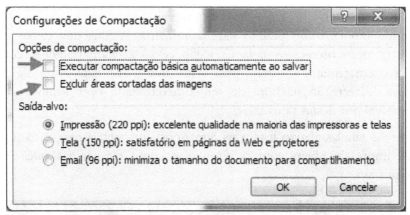

Figura 2.6 - Configurações de Compactação

Desmarque as opções "Executar compactação básica automaticamente ao salvar" e "Excluir áreas cortadas das imagens" e depois pressione o botão "OK" para retornar a tela anterior. Uma vez nela pressione novamente o botão de "OK" para retornar para a tela de "Salvar como". Uma vez de volta a esta tela, salve o documento com o nome desejado.

As configurações que foram executadas acima são válidas apenas para este documento e você terá que repetir estes passos sempre que criar um novo arquivo.

A próxima configuração básica que você deverá fazer está relacionada ao tamanho desejado para as páginas do seu livro.

Escolhendo o tamanho da página

O tamanho de página que você escolher para o seu livro irá afetar o número máximo de páginas que ele poderá ter, bem como os canais de distribuição nos quais ele poderá ser comercializado.

O número máximo de páginas permitidas também é afetado pelo tipo de papel (branco ou creme) e pelo tipo de impressão utilizada no interior do livro (preto e branco ou colorido).

A CreateSpace oferece cerca de 15 opções de tamanho para livros impressos em preto e branco, mas nem todos os tamanhos estão disponíveis para livros com o interior colorido.

Nem todos os tamanhos disponíveis são considerados como sendo um tamanho padrão para a indústria. Alguns dos canais de distribuição oferecidos pela CreateSpace só aceitam trabalhar com livros em tamanho padrão, para evitar que o seu livro sofra algum tipo de restrição na hora de ser comercializado opte sempre que possível por destes tamanhos.

As tabelas abaixo listam os tamanhos disponíveis para cada tipo de impressão, bem com o numero máximo de páginas que eles suportam.

Dimensão da Página (cm)	Livros com interior em preto e branco		Padrão de Indústria
	Papel Branco range de páginas	Papel Creme range de páginas	
12.7 x 20,32	24 até 828	24 até 740	Sim
12,9 x 19,8	24 até 828	24 até 740	Sim
13,335 x 20,32	24 até 828	24 até 740	Sim
13,97 x 21,59	24 até 828	24 até 740	Sim
15,24 x 22,86	24 até 828	24 até 740	Sim
15,6 x 23,4	24 até 828	24 até 740	Sim
17 x 24,4	24 até 828	24 até 740	Sim
17,78 x 25,4	24 até 828	24 até 740	Sim
18,9 x 24,6	24 até 828	24 até 740	Sim
19,1 x 23,5	24 até 828	24 até 740	Sim
20,32 x 25,4	24 até 440	24 até 400	Sim
20,955 x 15,24	24 até 220	24 até 200	Não
20,955 x 20,955	24 até 220	24 até 200	Não
21,59 x 21,59	24 até 630	24 até 570	Não
21,59 x 27,94	24 até 630	24 até 570	Sim

Tabela 2.1 - Livros com interior em P&B

Livros com interior colorido		
Dimensão da Página (cm)	Papel Branco range de páginas	Padrão de Indústria
12.7 x 20,32	24 até 480	Não
12,9 x 19,8	24 até 480	Não
13,335 x 20,32	24 até 480	Não
13,97 x 21,59	24 até 480	Sim
15,24 x 22,86	24 até 480	Sim
15,6 x 23,4	24 até 480	Sim
17 x 24,4	24 até 480	Não
17,78 x 25,4	24 até 480	Sim
18,9 x 24,6	24 até 480	Não
19,1 x 23,5	24 até 480	Não
20,32 x 25,4	24 até 480	Sim
20,955 x 15,24	24 até 212	Não
20,955 x 20,955	24 até 212	Não
21,59 x 21,59	24 até 480	Sim
21,59 x 27,94	24 até 480	Sim

Tabela 2.2 - Livros com interior colorido

Definindo o tamanho das margens

Depois de escolher o tamanho desejado para a página do seu livro, você deverá definir as margens que irá utilizar. Você deverá respeitar os valores mínimos exigidos pela CreateSpace.

A tabela 2.3 apresenta os valores recomendados pela CreateSpace.

Número de Páginas	Margem Interna	Margens Externas
24 até 150 páginas	0,96 cm	No mínimo 0,64 cm
151 até 400 páginas	1,91 cm	No mínimo 0,64 cm
401 até 600 páginas	2,23 cm	No mínimo 0,64 cm
Acima de 600 páginas	2,54 cm	No mínimo 0,64 cm

Tabela 2.3 - Margens mínimas recomendadas

O tamanho da margem interna (aquela que fica do lado pelo qual o livro será encadernado) irá variar de acordo com o número de páginas do livro, normalmente quanto maior o número de páginas, maior deverá ser esta margem.

Para as outras margens (externa, superior e inferior) você deverá utilizar um valor de no mínimo 0,64 cm, sendo que o valor recomendado para estas margens é de 1,27 cm. Você deverá utilizar um valor de no mínimo 0,38 cm para a margem Medianiz (gutter margin).

Você é livre para usar outros valores desde que os mesmos sejam maiores que os valores mínimos exigidos, eu normalmente utilizo o valor de 1,91 cm nos meus livros para a margem superior e inferior e 1,52 cm para a margem externa.

Configurando as margens do seu documento

Para acessar a tela de configuração das margens de uma página no MS Word, você deve clicar na aba "Layout de Página" da barra de ferramentas e então clicar com o botão esquerdo do mouse no ícone indicado pela seta vermelha na figura 2.7.

Figura 2.7 - Acesso a tela de configuração de página

Ao clicar no local indicado você irá visualizar a tela exibida na figura 2.8.

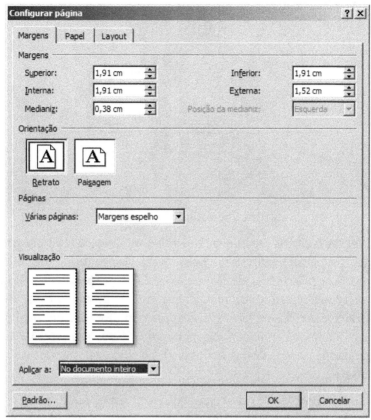

Figura 2.8 - Configurar página (Margens)

Nesta tela você deverá especificar o tamanho desejado para as margens do seu documento. O tamanho escolhido para as suas margens irá afetar a área da sua página que poderá ser preenchida com conteúdo.

Como estamos formatando uma página para um livro, o primeiro ajuste que devemos realizar é selecionar a opção "Margens espelho" no campo "Várias páginas", para que o MS Word apresente as opções de margens corretas para um livro, estas margens estão ilustradas na figura 2.9.

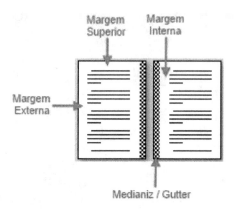

Figura 2.9 - Margens de um livro

Apesar o MS Word aceitar um valor mínimo de 0,34 cm para as margens superior e inferior, você deverá respeitar o valor mínimo exigido pela plataforma de impressão da CreateSpace que é de 0,64 cm, se escolher um valor menor que este você terá problemas na hora de enviar o seu livro para impressão. Ao decidir qual valor utilizar lembre-se que o seu cabeçalho e o seu rodapé serão posicionados dentro destas margens, logo você vai precisar prever o espaço para eles.

Apesar do MS Word aceitar que você especifique o valor zero para as margens externas e internas, você também deverá respeitar o tamanho mínimo suportado pela CreateSpace que é de 0,64 cm. Lembre-se também que o seu livro será encadernado pelo lado da margem interna e, portanto ela deverá ser um pouco maior que a margem externa. Não se esqueça de que a CreateSpace também exige que o seu documento tenha uma margem de Medianiz (Gutter) de pelo menos 0,38 cm.

Para um livro impresso no formato 6" X 9", recomendo os seguintes valores:

Superior: 1,91 cm
Inferior: 1,91 cm
Externa: 1,52 cm
Interna: 1,91 cm
Medianiz: 0,38 cm

Depois que você ajustar as margens para os valores desejados, prossiga para o próximo ajuste clicando na aba "Papel" da tela de configuração de página.

Configurando o tamanho de página

A configuração do tamanho da página do seu livro é realizada através da tela exibida na figura 2.10

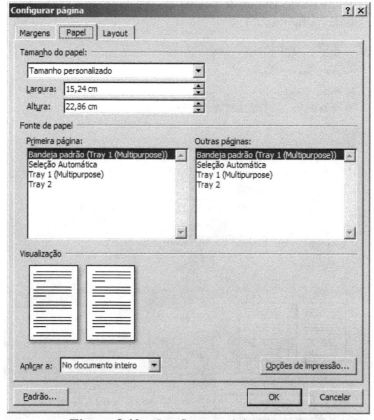

Figura 2.10 - Configurar página (Papel)

Nesta tela a única opção com a qual devemos nos preocupar é a referente ao "Tamanho do papel", selecione a opção "Tamanho personalizado" neste campo e entre com o valor desejado para a largura e a altura da página do seu livro, o qual deverá ser um dos valores suportados pela CreateSpace.

Por exemplo, se estiver publicando um livro em formato 6" X 9", entre com o valor de 15,24 cm para a largura e 22,86 cm para a altura.

Depois de especificar o tamanho desejado, prossiga para o próximo ajuste clicando na aba "Layout" da tela de configuração de página.

Configurando o Layout de página

A configuração do layout de página do seu livro será feita através da tela exibida na figura 2.11.

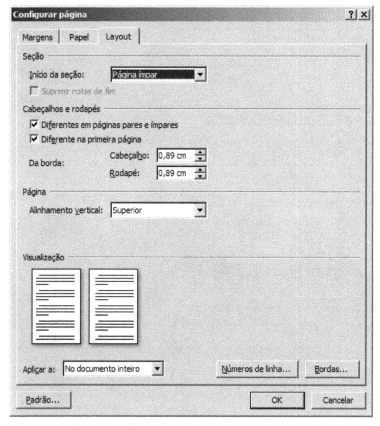

Figura 2.11 - Configurar página (Layout)

Durante a formatação do seu livro você irá dividir o seu documento em diversas seções, normalmente utilizamos uma seção diferente para cada elemento que o compõe (folha de rosto, direitos autorais, agradecimentos, sumário, apresentação, capítulos, anexos, etc.).

Quando um elemento terminar antes do final de uma página a forma correta de avançar para a próxima é inserindo uma marca de quebra de seção, e não inserindo várias linhas em branco.

O primeiro item de configuração da tela acima permite que seja pré-definido qual será o comportamento esperado do MS Word quando você inserir uma marca de quebra. Você poderá instruir o seu editor de textos para iniciar a nova seção na página seguinte, na próxima página par ou na próxima página impar.

Se você consultar alguns livros publicados por editoras tradicionais você irá verificar que na maior parte deles os novos elementos sempre começam na próxima página impar, eu recomendo que você também adote este padrão, para isso escolha a opção "Página ímpar" no campo "Início da seção".

Da mesma forma, se você analisar a forma como estes mesmos livros apresentam seus cabeçalhos e rodapés você irá perceber que não existe propriamente um padrão, você irá encontrar livros nos quais o cabeçalho das páginas pares e impares são iguais independente do capítulo, outros nos quais ele é igual entre as páginas de um mesmo capítulo mas diferentes entre os capítulos em si, e outros nos quais ele é diferente entre as páginas pares e impares e entre os capítulos, etc.

O MS Word permite por padrão que você tenha cabeçalhos e rodapés diferentes para cada parte do seu documento, bem como ter cabeçalhos e rodapés diferentes entre as páginas de cada parte. Você é livre para adotar o estilo que for mais adequado ao conteúdo do seu livro.

A configuração do comportamento esperado do editor de textos para estes elementos é feita através da sessão "Cabeçalho e rodapés" da tela acima.

Se você desejar que o cabeçalho das páginas do seu livro seja diferente entre uma página par e uma página impar, por exemplo, para poder ter sempre o nome do livro na página par e o nome do capítulo atual na página impar, você deverá marcar a opção "Diferentes em páginas pares e ímpares".

Se você quiser ter um cabeçalho diferente na primeira página de cada parte do seu livro, por exemplo, para poder omitir o texto de cabeçalho da página de abertura de cada capítulo, você deverá marcar a opção "Diferente na primeira página".

Você também deverá especificar a distância da borda da sua página na qual o seu cabeçalho e o seu rodapé irão iniciar. Como não devemos ter nenhum texto numa distância inferior ao mínimo de 0,64 cm da borda da página, sugiro utilizar um valor um pouco maior. Nos meus livros eu utilizo o valor de 0,89 cm, que é aproximadamente metade do valor que utilizo para a minha margem superior e inferior.

Nesta tela você também deverá definir qual o alinhamento vertical desejado para o conteúdo das páginas do seu livro. Por exemplo, se você escolher superior o preenchimento da página irá ocorrer de cima para baixo, se você escolher centralizado o preenchimento irá iniciar no meio da página e irá avançar para cima e para baixo à medida que você for digitando o seu conteúdo. O tipo de alinhamento vertical padrão do MS Word é o "Superior".

Depois que decidir qual o tipo de alinhamento que irá utilizar no seu livro, selecione a opção desejada no campo "Alinhamento Vertical".

Agora que efetuamos todas as configurações desejadas devemos instruir o MS Word para replicá-las em todas as páginas atuais e futuras do seu documento, para isto basta escolher a opção "No documento inteiro" no campo "Aplicar a".

Para salvar os ajustes realizados e retornar a tela principal do MS Word clique no botão "OK".

Formatando o seu documento

Agora que você já configurou as propriedades básicas do seu documento, você já está pronto para iniciar o processo de formatação.

A chave para que o resultado final do processo de formatação seja um documento com aspecto profissional não é dominar todos os recursos do MS Word, mas sim a sua disciplina no processo de formatação. Você irá precisar de muita disciplina durante o processo para aplicar sempre o mesmo formato aos mesmos tipos de elementos, e desta forma garantir uma formatação consistente. Pode ser trabalhoso, mas o resultado final será recompensador.

Antes de abordarmos as funcionalidades do MS Word que você irá utilizar durante a formatação, é importante falarmos sobre as marcas de formatação.

Marcas de formatação

Existem muitos elementos de formatação em um documento do MS Word que são por padrão elementos invisíveis aos olhos do usuário, tais como as marcas de quebras de linha, de quebras de sessão, de final de parágrafo, de espaços, de tabs, etc.

Para garantir um melhor controle sobre o processo de formatação é importante que você se acostume a trabalhar com estes elementos visíveis. Para habilitar a exibição destas marcas é necessário habilitar a opção "Mostrar Tudo" que existe na seção "Parágrafo" da aba "Inicio". Para isto basta clicar no botão de ação indicado na figura 2.12.

Figura 2.12 - Mostrar todas as marcas de formatação

Ao ativar esta opção todos os elementos ocultos de formatação passarão a serem exibidos, no início pode parecer um pouco confuso, mas em pouco tempo você acabará se acostumando.

Vejamos na prática como essa opção afeta o que vemos na tela com a ajuda das figuras 2.13 e 2.14.

Mostrar   tudo desligado,
você não vê as marcas.

Figura 2.13 - Opção "Mostrar tudo" desligada

Mostrar → tudo····ligado,↵
você·vê·as·marcas.¶···Quebra de seção (página ímpar)······

Figura 2.14 - Opção "Mostrar tudo" ligada

Se precisar desabilitar a exibição destes elementos, basta clicar novamente no botão.

As principais marcas de edição que você irá encontrar no seu documento são:

Figura 2.15 - Este elemento marca o final de um parágrafo, é inserido ao pressionarmos a tecla "Enter".

Figura 2.16 - Este elemento indica a quebra de linha dentro de um parágrafo, inserida ao pressionarmos a Tecla "Shift" e a "Enter" ao mesmo tempo.

Figura 2.17 - Este elemento representa um espaço inserido pela tecla "Tab".

Figura 2.18 - Este elemento representa um espaço, inserido pela barra de espaço.

::::::::::::::::::::::::Quebra de seção (próxima página) ::::::::::::::::::::

Figura 2.19 - Este elemento marca o termino de uma sessão, e instrui o MS Word de que a próxima sessão deve ser iniciada na próxima página.

:::::::::::::::::::::: Quebra de seção (página ímpar) ::::::::::::::::::::

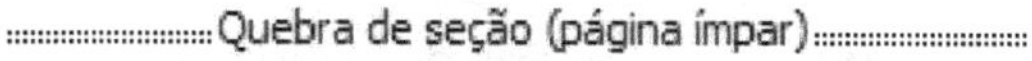

Figura 2.20 - Este elemento marca o termino de uma sessão, e instrui o MS Word de que a próxima sessão deve ser iniciada na próxima página ímpar.

:::::::::::::::::::::::Quebra de seção (página par) ::::::::::::::::::::

Figura 2.21 - Este elemento marca o termino de uma sessão, e instrui o MS Word de que a próxima sessão deve ser iniciada na próxima página par.

Títulos e Subtítulos

Ao longo do seu documento você irá precisar atribuir títulos e subtítulos ao seu conteúdo, e normalmente isso é feito utilizando-se uma fonte em tamanho maior, e muitas vezes com algum outro efeito que aumente o destaque do texto, tal como negrito, itálico ou mesmo um espaçamento diferenciado em relação às demais linhas do seu documento.

Para garantir a padronização dos seus títulos em relação à fonte, tamanho, cor, alinhamento, espaçamento em relação ao texto anterior e posterior a ele, você deverá formatá-lo através da aplicação de um estilo, um recurso disponibilizado pelo MS Word pelo qual você salva um conjunto de propriedades de formatação para poder replicá-los de forma fácil sempre que precisar.

O MS Word já disponibiliza por padrão uma série de estilos para você utilizar no seu documento, para aplicar um estilo ao seu texto basta selecionar o texto que você quer destacar e clicar com o mouse no estilo desejado. Os estilos ficam disponíveis na galeria de estilos rápidos existente barra de ferramentas exibida na aba "Inicio", exibida na figura 2.22:

Figura 2.22 - Galeria de estilos rápidos

Como este livro possui um capítulo específico sobre a funcionalidade de estilos, não vamos nos aprofundar no seu funcionamento agora.

Um problema muito comum de ocorrer com os títulos de um livro é a inconsistência no espaçamento do mesmo em relação ao restante do texto da página. Isso normalmente ocorre porque o autor utiliza linhas várias em branco para criar o espaçamento desejado quando o correto seria utilizar o recurso de espaçamento disponível nas propriedades do parágrafo do seu título.

Você pode acessar a configuração destas propriedades clicando no local indicado pela seta na figura 2.23.

Figura 2.23 - Acessando a tela de propriedades de parágrafos

A tela de propriedades de parágrafo pode ser vista na figura 2.24.

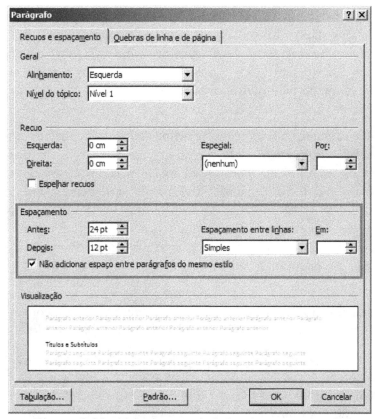

Figura 2.24 - Tela de propriedades de um parágrafo

As opções que afetam o espaçamento estão destacadas na figura. Iremos voltar a esta tela no futuro, no capítulo sobre estilos.

Parágrafos

Todos os elementos do seu livro (texto, imagens, tabelas, etc.) estarão contidos em um parágrafo, o seu livro terá centenas ou mesmo milhares deles, isso torna a formatação manual completamente inviável, pois seria impossível garantir uma formatação consistente. Da mesma forma que nos Títulos, o uso de estilos para formatação dos seus parágrafos é essencial, e iremos aprender mais sobre os estilos em capítulo específico sobre eles.

Se você analisar alguns dos livros que você tem em sua estante você irá perceber um padrão na formatação dos parágrafos, o primeiro parágrafo de cada capítulo e de cada parte de um capítulo geralmente não terá um recuo de texto na primeira linha e todos os demais parágrafos terão. Nada impede que o seu livro tenha uma formatação diferente desta, mas eu recomendo que você siga o padrão adotado pelo mercado, pois seu livro ficará com um aspecto mais profissional.

Para obter esse comportamento você vai precisar que a formatação do primeiro e do segundo parágrafo de cada um dos seus capítulos seja diferente, como pode imaginar não é seguro fazer esse controle de forma manual. Felizmente ao definir um estilo customizado você poderá especificar qual o estilo padrão do parágrafo seguinte, de forma que você resolverá este problema criando 2 estilos diferentes, um para o primeiro parágrafo que não terá o recuo na primeira linha e outro para os demais.

Outra customização possível para um parágrafo está relacionada ao alinhamento do texto, normalmente o alinhamento recomendado para a maior parte dos parágrafos de um livro é o "Justificado".

Em relação ao espaçamento antes e depois de um parágrafo o ideal é que você utilize um espaço equivalente ao tamanho da fonte padrão do seu documento, ou seja, se o corpo do seu texto estiver formatado com uma fonte de corpo 12 pt, você poderá especificar um espaçamento de 0 pt (zero) antes e um de 12 pt depois, ou então 6 pt antes e 6pt depois, o que preferir. Você também poderá especificar se deseja que o MS Word use ou não este espaçamento entre parágrafos formatados da mesma forma, normalmente não devemos deixar espaços entre os parágrafos de um livro a menos que tenhamos a intenção de dar destaque para alguma parte específica do texto.

Você também deverá definir qual o espaçamento padrão entre as linhas de um mesmo parágrafo, esse parâmetro irá ter um grande efeito sobre o número final de páginas do seu livro. Evite deixar as linhas muito próximas umas das outras, embora isso possa reduzir o número de páginas e consequentemente o custo de impressão do seu livro, também fará com que ele fique com o aspecto de um destes livros baratos destinados ao mercado de massa, normalmente impressos em papel de baixa qualidade. O recomendado é que você utilize um espaçamento que seja maior que a fonte utilizada no corpo do texto em pelo menos 2 pontos.

Na figura 2.25 abaixo você pode visualizar um exemplo de configuração para um parágrafo de texto escrito em fonte de corpo 12 e que não é o primeiro de um capítulo:

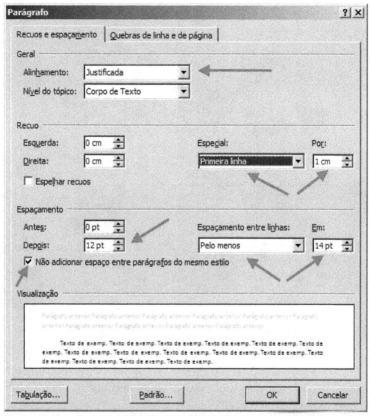

Figura 2.25 - Propriedades de um parágrafo (Espaçamento)

Você também poderá ajustar a forma como o MS Word irá tratar as quebras naturais de página que vierem a ocorrer no meio de um parágrafo. Isso é feito através das opções da aba "Quebra de linha e de página" a qual pode ser acessada na tela de propriedades de um parágrafo, a configuração padrão destas propriedades pode ser vista na figura abaixo:

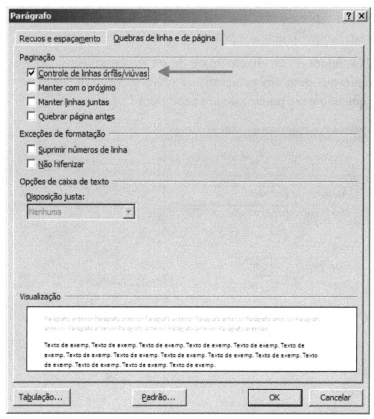

Figura 2.26 - Propriedades de um parágrafo (Quebras de linha)

Para poder explicar as opções desta tela precisamos entender o que é uma linha órfã e uma linha viúva. Nós damos o nome de "Órfã" para a linha de um parágrafo que apareça sozinha no final de uma página, já as linhas que aparecem sozinhas no início de uma página recebem o nome de "Viúva".

Desta forma os significados das opções desta tela são:

Controle de linhas órfãs/viúvas - Impede a impressão da linha final de um parágrafo no início (viúva) ou no fim (órfã) de uma página.

Manter linhas juntas - Não permite que um parágrafo seja quebrado em duas páginas.

Manter com o próximo - Força a impressão do parágrafo atual na mesma página do parágrafo seguinte.

Suprimir número de linhas - Suprime a numeração de linhas de um parágrafo.

Não hifenizar - Não permite a hifenização automática de palavras no seu documento.

O MS Word trás o controle de linhas órfãs e viúvas habilitado por padrão, se você desejar desabilitar este controle ou mesmo utilizar alguma das outras opções lembre-se que a configuração destas propriedades é individual para cada parágrafo, para replicá-la em todo o seu documento você deverá configurá-la no estilo que vier a utilizar.

Com este controle padrão habilitado o número efetivo de linhas em cada página do seu livro será diferente, pois o MS Word irá antecipar a quebra de página sempre que ela ocorrer naturalmente no meio de um parágrafo, se você desejar um maior controle sobre o numero de linhas efetivas de cada página você deverá desabilitar está opção.

Letra Capitular (Drop Caps)

Você já deve ter visto em alguns livros o uso de um efeito na primeira letra do primeiro parágrafo de um capítulo, este efeito é chamado de Letra Capitular (Drop Caps).

Se desejar usá-lo no seu livro você terá que configurá-lo manualmente em cada capítulo, pois não é possível aplicá-lo através de um estilo.

Para aplicá-lo selecione a primeira legra do primeiro parágrafo do seu capítulo e clique na aba "Inserir" da barra de ferramentas do MS Word, localize o bloco ferramentas de "Texto" e clique no botão "Letra Capitular" indicado pela seta na figura 2.27.

Figura 2.27 - Letra Capitular

Ao fazer isso o MS Word irá lhe apresentar uma lista com 3 opções, como mostrado na figura 2.28

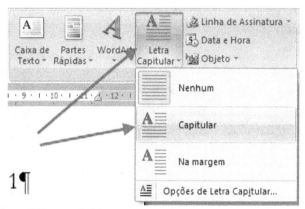

Figura 2.28 - Opções de Letra Capitular

Basta clicar no estilo desejado para que ele seja aplicado ao seu parágrafo. O efeito aplicado por cada uma das opções disponíveis está ilustrado nas figuras 2.29 e 2.30 abaixo.

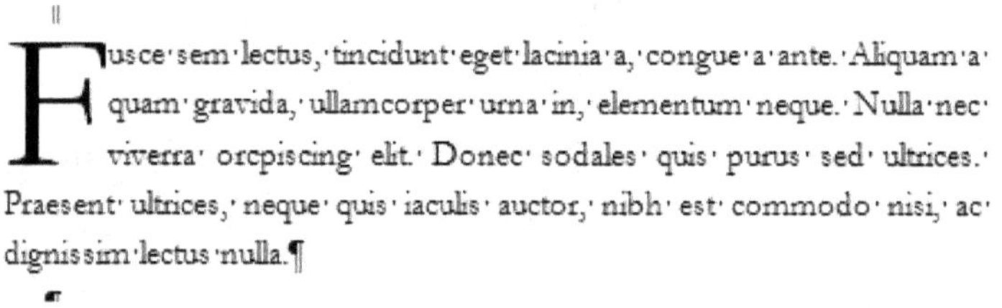

Fusce sem lectus, tincidunt eget lacinia a, congue a ante. Aliquam a quam gravida, ullamcorper urna in, elementum neque. Nulla nec viverra orcipiscing elit. Donec sodales quis purus sed ultrices. Praesent ultrices, neque quis iaculis auctor, nibh est commodo nisi, ac dignissim lectus nulla.¶

Figura 2.29 - Opção Capitular

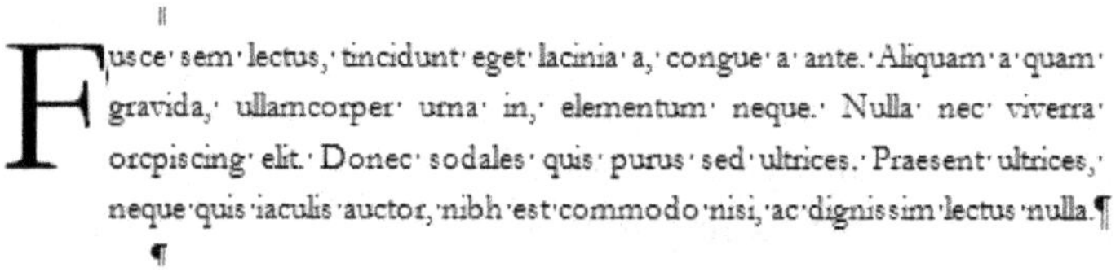

Fusce sem lectus, tincidunt eget lacinia a, congue a ante. Aliquam a quam gravida, ullamcorper urna in, elementum neque. Nulla nec viverra orcipiscing elit. Donec sodales quis purus sed ultrices. Praesent ultrices, neque quis iaculis auctor, nibh est commodo nisi, ac dignissim lectus nulla.¶

Figura 2.30 - Opção na Margem

Por padrão o efeito de letra capitular será criado usando a mesma fonte utilizada no restante do parágrafo e terá uma altura de 3 linhas, se você quiser alterar esse comportamento, você deverá clicar no item de menu "Opções de Letra Capitular", a tela de opções pode ser vista na figura 2.31.

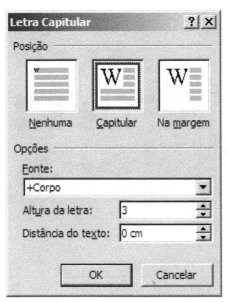

Figura 2.31 - Opções de customização do efeito de letra capitular

Imagens

A CreateSpace recomenda que todas as imagens que você vier a utilizar em seu livro tenham pelo menos 200 DPIs de resolução. Se você utilizar imagens com resolução menor ela não garantirá a qualidade das mesmas na impressão.

A forma correta de inserir uma imagem no seu documento é utilizando a função "Inserir imagem do arquivo", localizada na seção "Ilustrações" da aba "Inserir" do MS Word, para isso clique no local indicado na figura 2.32.

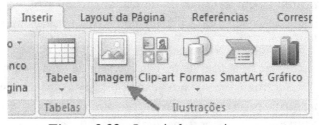

Figura 2.32 - Inserindo uma imagem

O MS Word irá exibir uma tela de sistema solicitando que você escolha o arquivo desejado, como mostrado na figura 2.33.

Figura 2.33 - Escolhendo a imagem para ser inserida

Após selecionar o arquivo desejado, basta clicar no botão "Inserir".

Depois de inserir a imagem em seu documento você poderá aplicar qualquer estilo desejado a ela, como por exemplo, para acertar o seu alinhamento. Se o seu livro tiver muitas figuras é recomendado que você atribua uma legenda para cada uma delas.

Listas Numeradas

Você pode utilizar qualquer tipo de lista com o seu livro impresso, mas se decidir publicá-lo também no formato de e-book para a plataforma do Kindle saiba que os dispositivos e-ink da Amazon não suportam muito bem as listas de marcadores (bullet points), e você precisará ajustar o seu original para converter estas listas em listas numeradas.

A inserção de uma lista de marcadores ou de uma lista numerada é feita da mesma forma, por exemplo, para inserir uma lista numerada, basta posicionar o cursor no ponto desejado e clicar no botão "Numeração" existente na seção "Parágrafo" da aba "Início", como mostrado na figura 2.34.

Figura 2.34 - Inserindo uma lista numerada

O estilo padrão das listas numeradas no MS Word pode ser visto na figura 2.35.

1. **Laranja**
2. **Banana**
3. **Melão**

Figura 2.35 - Estilo padrão de uma lista numerada

Caso você queira utilizar outro estilo de lista numerada, basta clicar no triângulo marcado pelo box exibido na figura 2.34, ao fazer isto será exibida uma lista dos estilos disponíveis, conforme mostrado na figura 2.36.

Figura 2.36 - Estilos para listas numeradas

Basta clicar no estilo desejado para ativá-lo.

Tabelas

Para inserir uma tabela no seu documento, posicione o cursor no local desejado e clique no botão "Tabela" existente na seção "Tabelas" da aba "Inserir", mostrado na figura 2.37.

Figura 2.37 - Botão inserir tabela

Depois basta selecionar a opção "Inserir Tabela...", indicada pela seta na figura 2.38 abaixo.

Figura 2.38 - Inserindo uma tabela

Ao selecionar esta opção será exibida a tela da figura 2.39 abaixo, na qual você poderá configurar as dimensões da tabela desejada.

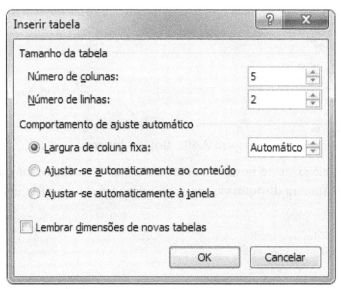

Figura 2.39 - Definindo as dimensões de uma tabela

Você poderá personalizar a aparência da sua tabela utilizando um dos estilos incorporados no MS Word ou mesmo um estilo customizado, mas de preferência aos estilos mais simples se tiver a intenção de publicar o seu livro no formato de e-book, pois a maior parte dos dispositivos e-ink disponíveis no mercado não suporta muito bem a exibição de tabelas com layout muito complexo.

Quebras de Página e de Seção

Você nunca deverá forçar o avanço para a próxima página inserindo linhas em branco no seu documento. Para garantir uma boa formatação do seu livro você sempre deverá finalizar cada capítulo do mesmo com uma quebra de seção, desta forma você sempre terá a certeza que o próximo capítulo irá iniciar na página que você deseja.

O recurso de quebra de páginas e de seções fica localizado na seção "Configurar Página" existente na aba "Layout da Página" do MS Word.

Para inserir uma quebra de página ou seção no seu documento, basta clicar com o mouse no local em que você deseja efetuar a quebra e depois clicar no botão "Quebras" mostrado na figura 2.40 abaixo:

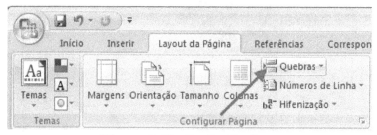

Figura 2.40 - Botão Quebras

Ao clicar neste botão você irá visualizar uma lista com todos os tipos de quebra disponíveis para uso, como mostrado na figura 2.41.

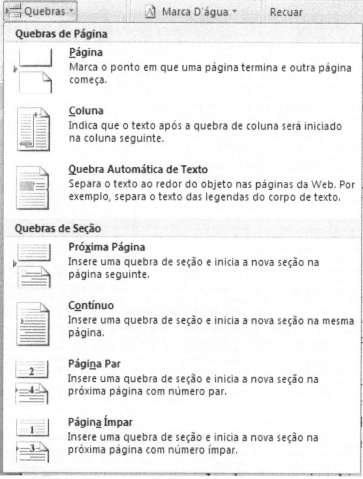

Figura 2.41 - Tipos disponíveis de quebra de página

Nesta lista basta selecionar a opção desejada para que a quebra seja inserida.

Você saberá que a quebra foi inserida com sucesso se visualizar a marca de formatação associada a ela, como vimos anteriormente.

Observe que dependendo do tipo de quebra que você escolheu e do tipo de página no qual ela foi inseria, o MS Word poderá precisar inserir uma página em branco no seu documento.

A plataforma da CreateSpace irá recusar o arquivo com o interior do seu livro se o mesmo tiver 2 ou mais páginas em branco seguidas.

Cabeçalhos e Rodapés

Ao inserir o recurso de cabeçalho e rodapé no seu documento, ele será aplicado ao documento todo, porém você poderá customizar a forma como ele irá aparecer em cada parte do seu livro.

Para inserir este elemento no seu documento você deverá clicar no botão "Cabeçalho" existente na seção "Cabeçalho e Rodapé" da aba "Iniciar", mostrado na figura 2.42.

Figura 2.42 - Botão Cabeçalho

Ao clicar neste botão o MS Word irá lhe apresentar uma lista com diversos estilos de cabeçalho, como mostrado na figura 2.43.

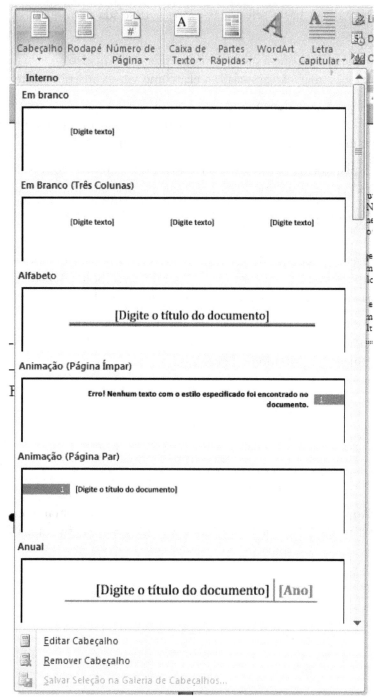

Figura 2.43 - Estilos de cabeçalho

Escolha um estilo de cabeçalho da sua preferência, e clique nele para aplicá-lo ao seu documento.

Assim que escolher uma das opções de estilo para o seu cabeçalho, a sua página irá passar a exibir áreas de edição nas extremidades superior (destinadas ao cabeçalho) e inferior (destinadas ao rodapé). Como mostrado na figura 2.44.

Figura 2.44 - Área de conteúdo do Cabeçalho e do Rodapé

Outra alteração que você irá perceber é que a barra de ferramentas do MS Word estará exibindo uma nova aba chamada "Design", como mostrado na figura 2.45.

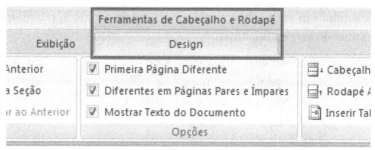

Figura 2.45 - Barra de Design

Esta aba possui diversos grupos de ferramentas que afetam a forma como o seu cabeçalho e o seu rodapé funcionam.

Durante a configuração do layout de página realizada no início deste capítulo, definimos que o conteúdo do cabeçalho e do rodapé das páginas impares seria diferente do conteúdo das páginas pares, e que a primeira página de cada seção também teria um conteúdo diferente.

Esta diferença de comportamento está refletida no label destas áreas em cada uma das suas páginas, como pode ser visto na figura 2.46 abaixo:

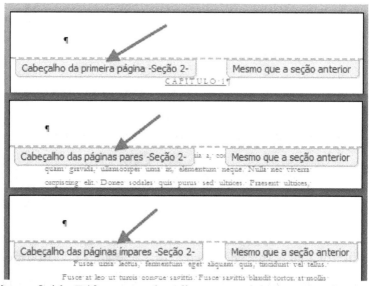

Figura 2.46 - Diferentes cabeçalhos para páginas pares e impares

Você poderá ajustar este comportamento alterando as opções diretamente na barra de ferramentas da aba "Design".

Por padrão os cabeçalhos e rodapés de todas as suas seções vão estar inicialmente vinculados, ou seja, o conteúdo que você digitar como cabeçalho em uma página impar qualquer será replicado em todas as demais páginas impares do documento, o que for digitado em uma página par será replicado em todas as páginas pares, o mesmo comportamento se aplica para a página inicial de cada seção.

Este comportamento é ótimo quando você quer usar a mesma informação ao longo de todo o documento, porém você terá que alterar esse comportamento se quiser ter informações diferentes em cada seção.

Para ilustrar melhor como fazer este ajuste, observe a figura 2.47.

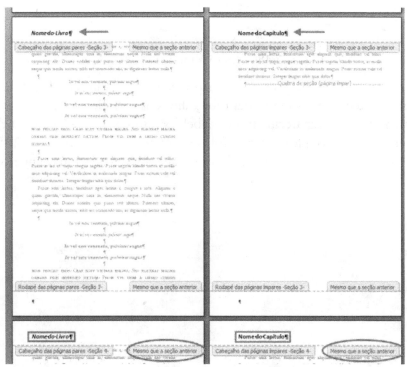

Figura 2.47 - Demonstrando vinculo de seções, vinculo ativo

Esta figura mostra a esquerda o cabeçalho de uma página par da seção 3 e de uma página par da seção 4, do lado direito temos o cabeçalho de uma página impar da seção 3 e de uma página impar da seção 4. Observe que o texto indicado pelas setas nos cabeçalhos da parte superior da figura estão sendo replicados nos cabeçalhos exibidos na parte inferior da mesma.

Se você quiser que as páginas impares da seção 4 do seu documento tenham um cabeçalho com conteúdo diferente do cabeçalho das páginas impares da seção 3, você deverá quebrar o vinculo entre estas seções, para isto, você devera clicar com o mouse na área de cabeçalho da primeira página impar da seção 4 e selecionar a opção "Vincular ao Anterior" no grupo "Navegação" da aba "Design", como mostrado na figura 2.48.

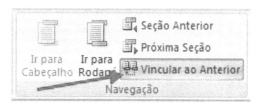

Figura 2.48 - Botão Vincular ao Anterior

Ao clicar neste botão você não receberá nenhum alerta, o texto pré-existente no campo de cabeçalho que foi desvinculado será mantido. O desaparecimento do label "Mesmo que a seção anterior" será a indicação que o vinculo foi desfeito com sucesso. A figura 2.49 abaixo mostra como seria exibido o cabeçalho do exemplo anterior após a remoção do vinculo.

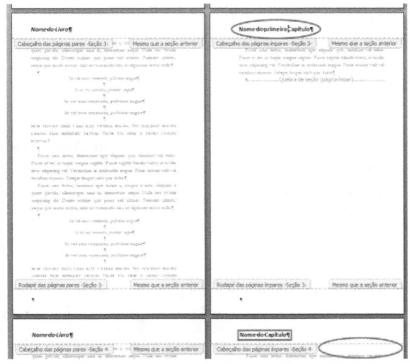

Figura 2.49 - Demonstrando vinculo de seções, vinculo desfeito

Observe que o label "Mesmo que a seção anterior" não aparece mais no topo da página exibida no canto inferior direito, e que o conteúdo do cabeçalho é o mesmo do exemplo anterior, veja também que agora podemos ter um texto diferente como cabeçalho da página exibida no canto superior direito.

Se você desejar ter o mesmo comportamento em todas as seções do seu documento, você deverá repetir o procedimento de remoção do vínculo na primeira página impar de cada uma das suas seções.

Se você desejar reestabelecer o vinculo, basta clicar com o mouse novamente na área de cabeçalho da página desejada e selecionar novamente o botão "Vincular ao anterior". Ao contrário do que ocorre quando um vinculo é removido, ao criar um vinculo com a seção anterior o MS Word irá lhe apresentar o alerta exibido na figura 2.50.

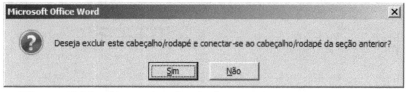

Figura 2.50 - Alerta de criação de vinculo de seção

O alerta é exibido, pois o conteúdo atual do cabeçalho que você está alterando será apagado e substituído pelo conteúdo apropriado da seção anterior.

Esse tipo vinculo será sempre hierárquico e irá sempre vincular o cabeçalho da página atual ao cabeçalho da seção anterior respeitando o tipo de página (Primeira página, página par, página impar), ou seja, a seção 5 vai estar vinculada a 4 que por sua vez vai estar vinculada a 3 e assim sucessivamente até a primeira seção do documento.

Depois de personalizar o cabeçalho, você deverá clicar no botão "Fechar Cabeçalho e Rodapé" existente no grupo "Fechar" da aba "Design", mostrado na figura 2.51.

Figura 2.51 - Botão fechar cabeçalho e rodapé

Se depois que tiver fechado o seu cabeçalho, você vier a precisar realizar alguma nova alteração no mesmo, basta clicar com o botão direito do mouse sobre na área reservada para ele no topo das suas páginas, e depois clicar na opção "Editar Cabeçalho", como mostrado na figura 2.52.

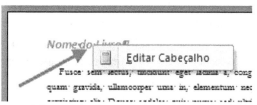

Figura 2.52 - Editar Cabeçalho

Lembre-se que se você optar por ter um cabeçalho no seu documento ele também será exibidos nas páginas em branco que o MS Word vier a gerar para respeitar as suas orientações de quebra de página e de quebra de seção. A exibição destes elementos nas páginas em branco do seu livro podem deixá-lo com um aspecto menos profissional, pois o padrão adotado pelo mercado editorial na formatação de livros comerciais é de que uma página em branco deve ser realmente uma página em branco, ou seja, ela não deverá conter nenhum elemento impresso (rodapé, cabeçalho, número de página, etc.).

Esse problema vai ocorrer quando uma sessão terminar em uma página impar e você quiser forçar que a próxima seção comece novamente em uma página impar, para isso o MS Word terá que gerar uma página par em branco no momento de exportar ou imprimir o seu documento.

Para evitar que apareça algum cabeçalho nesta página par, você terá que finalizar a seção impar com uma quebra de seção do tipo "Continuo" e na sequência transformar a página par em uma seção independente, o que é feito pela inserção de uma linha em branco, seguida de uma quebra de página do tipo "Página impar". Desta forma a sua próxima seção irá começar numa página impar, e você terá uma página par que para ficar completamente em branco no momento da impressão, bastará ter a sua área de cabeçalho e rodapé desvinculada da seção anterior e o texto existente nestas áreas removido.

O comportamento do rodapé é o mesmo descrito para o cabeçalho, ou seja, ele suporta o mesmo tipo de segmentação de páginas e de vínculo entre as seções.

Inserindo numeração de página

Normalmente as páginas de um livro que contém os elementos pré-textuais não possuem nenhum tipo de numeração, e quando possui, ela normalmente inicia na página seguinte a página de direitos autorais e vai até a última página antes do início do conteúdo do livro propriamente dito. A numeração quando exibida nestas páginas normalmente é apresentada em numeral romano (I, II, III, IV, etc.).

Já o conteúdo do livro propriamente dito é numerado com números normais (1, 2, 3, 4, etc.). Se você tiver optado por omitir a numeração nas páginas dos elementos pré-textuais do seu livro, a inserção do numero nas páginas será bastante simples e direto. Se você tiver optado por numerar as páginas pré-textuais, você precisará customizar a formatação.

Em relação ao local onde exibir a numeração de páginas no seu livro você poderá utilizar tanto a área de cabeçalho quando a de rodapé.

Para ilustrar o processo vamos assumir que iremos utilizar o rodapé e que iremos numerar as páginas iniciais com numerais romanos e que iremos numerar os capítulos do livro com numerais normais.

Para aplicar a numeração de páginas ao rodapé do seu documento, você deverá primeiro entrar em modo de edição, para isso basta clicar na área do seu documento reservada a ele com o botão direito do mouse e escolher a opção "Editar Rodapé" como exibido na figura 2.53.

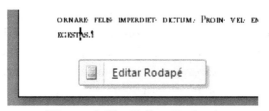

Figura 2.53 - Editar Rodapé

Ao fazer isso a parte inferior das páginas do seu documento irá exibir a área reservada ao conteúdo do seu rodapé. Como mostrado na figura 2.54.

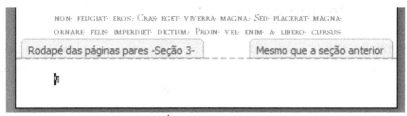

Figura 2.54 - Área de conteúdo do rodapé

Clique com o cursor na área de conteúdo do rodapé da primeira página após a página de direitos autorais e depois clique no botão "Número de Página" que existe no grupo "Cabeçalho e Rodapé" da aba "Design", no menu que será exibido escolha a opção "Posição Atual", como mostrado na figura 2.55.

Figura 2.55 - Botão Número de Página

Ao selecionar essa opção, o MS Word irá apresentar uma lista com várias as opções de estilo para serem utilizadas com a sua numeração, como mostrado na figura 2.56.

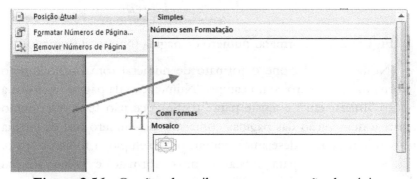

Figura 2.56 - Opções de estilo para a numeração de página

Basta clicar em um deles para inserir a numeração de página na posição do cursor dentro da área de rodapé, como mostrado na figura 2.57.

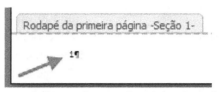

Figura 2.57 - Número de página inserido

Agora devemos alterar o formato da numeração para o formato de numeral romano, para isso clique novamente no botão "Número de Página" e desta vez escolha a opção "Formatar Números de Página", a selecionar esta opção você irá visualizar a tela da figura 2.58.

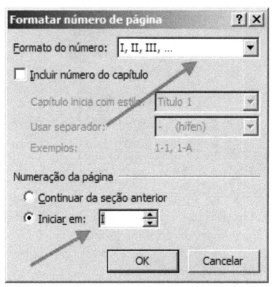

Figura 2.58 - Formatar número de página (Numeral Romano)

Nesta tela, selecione o formato de numeral romano no campo "Formato do número" e no campo "Numeração da página" marque a opção "Iniciar em:" e ajuste para "I". Se você não fizer este último ajuste a numeração das páginas começaria do numero real da página no seu livro, e não desejamos contar, por exemplo, a folha de rosto. Clique em "OK" para aplicar o novo formato e voltar ao seu documento, o qual já irá exibir a formatação correta, como pode ver na figura 2.59.

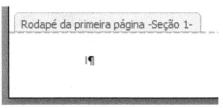

Figura 2.59 - Numeração de página formatada como numero romano

Você terá que repetir o procedimento de inserção da numeração para cada um dos tipos de rodapé de página (primeira página de seção, páginas impares e páginas pares). Algumas vezes o MS Word não transporta o formato do tipo de numeração de uma seção para outra, se isso ocorrer basta editar manualmente o formato das páginas problemáticas, como descrito acima.

Para mudar o tipo de numeração de volta para numeral simples a partir do inicio do conteúdo do seu livro, basta que você remova o vinculo do rodapé das três primeiras páginas do seu primeiro capítulo. O procedimento para isto é o mesmo descrito anteriormente para o cabeçalho.

Depois de romper o vinculo basta clicar na área de rodapé da primeira página do seu primeiro capítulo e repetir o procedimento que você realizou a pouco para formatar a numeração, só que agora você deverá setar o formato de volta para numeral simples. Não se esqueça de resetar a contagem de páginas, como mostrado na figura 2.60.

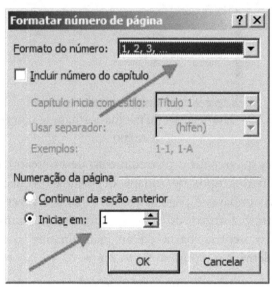

Figura 2.60 - Formatar número de página (Numeral Simples)

Você também deverá repetir esse procedimento para a primeira página impar e para a primeira página par do seu primeiro capítulo.

Lembre-se de que o vinculo de seção deverá estar ativo em todos os rodapés das seções seguintes do seu documento, desta forma todas as páginas do seu documento serão automaticamente numeradas.

Você poderá aplicar qualquer estilo que desejar para formatar a numeração das suas páginas, lembre-se apenas que você deverá realizar a aplicação deste estilo sempre nas 3 primeiras páginas da seção que estão servindo de base para a propagação da configuração do seu rodapé.

Criando um sumário para o seu livro

O sumário é um dos elementos pré-textuais obrigatórios em um livro, felizmente o MS Word possui um recurso para auxiliá-lo na criação de um sumário para o seu livro, tornando o processo de criação e manutenção bastante simples.

Para inserir um sumário no seu documento basta clicar com o mouse no local desejado e depois clicar na aba "Referências" da barra de ferramentas, e depois clicar no botão "Sumário", como mostrado na figura 2.61.

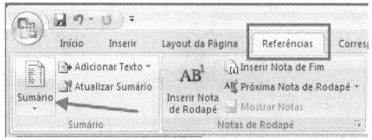

Figura 2.61 - Botão Sumário

Ao clicar neste botão o MS Word irá lhe apresentar uma lista com alguns estilos de sumário. Você deverá clicar no item de menu "Inserir Sumário", como mostrado na figura 2.62.

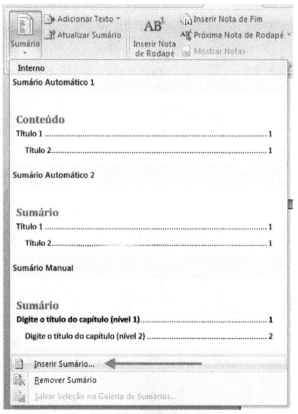

Figura 2.62 - Estilos de Sumário

Ao escolher esta opção do menu, você irá visualizar a tela de configuração do sumário exibido na figura 2.63, do lado esquerdo da tela você irá ter uma pré-visualização dos seu sumário, as linhas que aparecem nela são os estilos que estão sendo considerados para definir quais elementos do seu documento farão parte do sumário quando ele for inserido no seu documento.

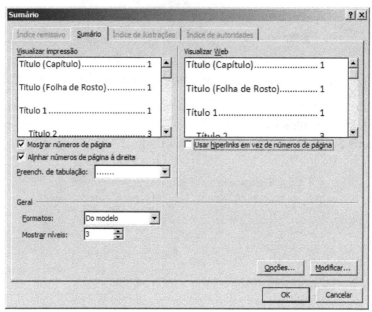

Figura 2.63 - Tela de configuração do Sumário

Para evitar erros na geração do sumário você deverá instruir o MS Word a considerar apenas os estilos que você deseja que apareçam no seu sumário. Para isso você deverá clicar no botão "Opções" na parte inferior desta tela. Ao fazê-lo você irá visualizar a tela exibida na figura 2.64.

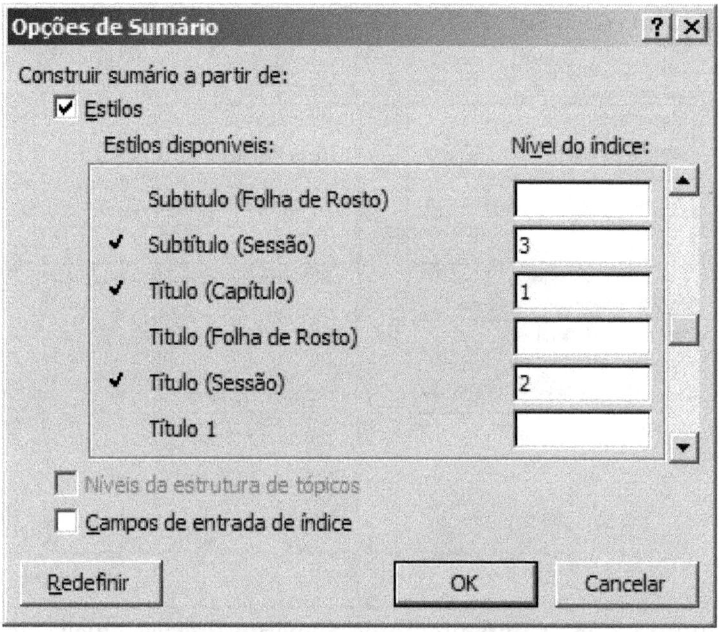

Figura 2.64 - Opções do Sumário

Utilize a barra de rolagem para visualizar todos os estilos que estão marcados por padrão para fazerem parte do sumário e limpe a coluna "Nível do índice" para desabilitar os estilos que você não quer que apareçam no seu sumário.

No exemplo da figura acima eu mantive apenas 3 estilos ativos e especifiquei a hierarquia na qual eles devem ser considerados e apresentados.

Depois de efetuar os ajustes necessários, clique no botão "OK" para voltar para a tela anterior, exibida na figura 2.65.

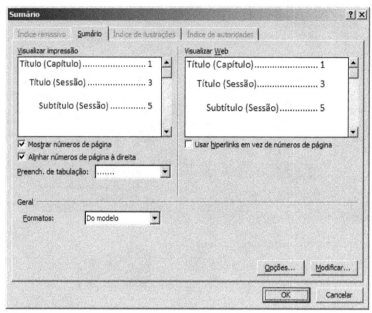

Figura 2.65 - Configuração do Sumário (Preview atualizado)

Observe que o preview agora mostra apenas os estilos que foram selecionados por você.

Ajuste as demais propriedades do sumário até que ele fique da forma como você deseja e clique no botão "OK" para inseri-lo no seu documento.

O sumário gerado a partir das opções acima pode ser visto na figura 2.66.

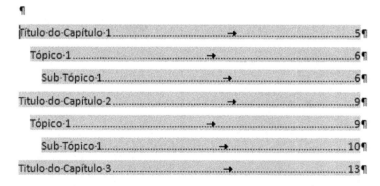

Figura 2.66 - Sumário com formatação básica

O texto que será exibido no sumário será o texto formatado com os estilos que você especificou anteriormente e o estilo de formatação aplicado por padrão será o "Sumário 1" um dos estilos de parágrafo do MS Word.

Você deverá formatar o texto do seu sumário de forma que o mesmo fique compatível com o restante do seu documento, para isso você poderá utilizar a formatação direta ou então criar um estilo especifico para ele.

Se você realizar qualquer alteração de conteúdo no seu documento que acarrete numa mudança no número de páginas ou na criação de novas seções no seu documento, você precisará atualizar o sumário para que ele reflita estas alterações.

Para isso basta clicar com o botão direito do seu mouse sobre qualquer linha do seu sumário, e escolher a opção "Atualizar Campo", como mostrado na figura 2.67.

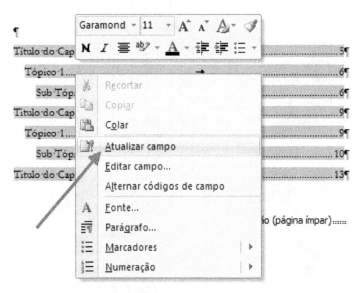

Figura 2.67 - Atualizar Campo

Ao escolher esta opção o MS Word irá lhe apresentar a tela da figura 2.68, para atualizar seu sumário basta escolher uma das duas opções disponíveis e clicar depois no botão "OK".

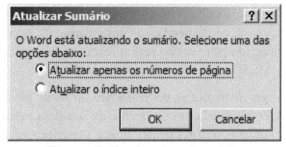

Figura 2.68 - Atualizar Sumário

Observe que se você escolher a opção "Atualizar apenas os números de página", o seu sumário não irá perder nenhuma customização que você tenha realizado anteriormente, seja ela uma formatação direta, uma aplicação de estilo ou mesmo alguma edição do texto, como por exemplo, a inserção de linhas entre os tópicos para dividi-los. Da mesma forma, caso você tenha adicionado um novo capitulo ao seu livro, o mesmo não será incluído no sumário, apenas a numeração das páginas irá mudar.

Por outro lado, se você escolher a opção "Atualizar o índice inteiro", o sumário será recriado do zero e qualquer novo capítulo que você tenha criado ou qualquer alteração de página que tenha ocorrido será refletida no mesmo, porém você irá perder toda e qualquer customização que tenha feito anteriormente nele, e você terá que refazê-la. Por este motivo, sempre que possível opte pela formatação através do uso de estilos, isso irá evitar retrabalho.

CAPÍTULO 3

COMO UTILIZAR O RECURSO DE ESTILOS DO MS WORD

O Microsoft Word possui um recurso de formatação chamado Estilo, aprender a utilizar corretamente este recurso é essencial para que você possa produzir documentos com aspecto profissional e com formatação consistente. O uso deste recurso é ainda mais valioso se você estiver formatando um original que também será publicado como e-book.

É claro que você pode optar por formatar seus títulos e parágrafos de forma direta, porém este processo além de ser mais trabalhoso é também menos confiável, pois caberá a você o controle da consistência de formatação ao longo do documento.

Considere por exemplo a ação de formatar de forma direta o título de um capítulo, depois de digitá-lo e terá que executar os seguintes procedimentos:

1. Selecionar o seu título;

2. Escolher a fonte, por exemplo, Times New Roman;

3. Escolher o tamanho desejado para ela, por exemplo, 16 pontos;

4. Definir se irá utilizar alguma formatação para dar ênfase ao título, por exemplo, negrito;

5. Escolher qual será o alinhamento que irá utilizar, por exemplo, centralizado;

6. Definir qual o espaçamento que deverá ser utilizado antes do título, por exemplo, 12 pontos;

7. Definir qual o espaçamento que deverá ser utilizado depois do título, por exemplo, 6 pontos;

Você pode estar pensando qual o problema em executar esta formatação de forma direta, afinal são apenas 7 passos, não é algo complicado de se fazer...

Eu concordo com você, mas me diga e se o seu livro tiver 50 capítulos? Você teria que repetir os mesmos passos descritos acima 50 vezes! Você tem certeza de que quer e de que consegue repetir esse procedimento 50 vezes, sem esquecer-se de nenhum passo em alguma delas?

Imagine que você terminou de formatar o seu livro de forma direta e que agora você precisa por alguma razão alterar o espaçamento entre o título e o início do texto do seu capítulo, a única forma de efetuar este ajuste será percorrer o seu documento do início ao fim e alterar manualmente a configuração do espaçamento em cada um dos seus 50 títulos.

Como pode perceber, optar pelo uso do processo de formatação direta em um documento longo como um livro significa seguir pelo caminho mais trabalhoso e mais arriscado.

O uso do recurso de estilos do Microsoft Word simplificaria em muito o processo de formatação dos 50 títulos do exemplo acima, pois você executará os 6 passos de formatação apenas uma única vez, por exemplo durante a formatação do título do primeiro capítulo, e depois salvará a formatação que criou como um estilo do MS Word.

Da próxima vez que você precisar formatar uma frase como sendo um título, basta selecioná-la e dar um clique no estilo que você criou anteriormente, ao fazer isto ela irá assumir as mesmas características do seu título original.

Se no futuro você decidir que quer utilizar uma formatação diferente para os seus títulos, independente se é uma alteração na fonte ou um simples ajuste no espaçamento, basta editar as propriedades do estilo que utilizou na formatação dos seus títulos para alterar automaticamente as propriedades de todos os títulos do seu livro. Simples, não?

Agora que você já sabe o porquê é importante saber utilizar corretamente esta funcionalidade do MS Word, faça um favor a você mesmo e aprenda a utilizá-la para formatar o seu documento, tenho certeza que o tempo que você vai precisar dedicar ao aprendizado desta funcionalidade será compensado rapidamente, afinal quanto menos tempo você gastar formatando o seu livro atual, mais tempo você terá para escrever o seu próximo.

Acessando a funcionalidade de Estilos

A funcionalidade de Estilo pode ser acessada pela barra de ferramentas do MS Word da aba "Início", no canto direito da sua tela, como mostrado na figura 3.1.

Figura 3.1 - Grupo Estilo

Nesta área você irá encontrar os botões de ação com os estilos que você utilizou recentemente. Para visualizar os estilos padrões que estão disponíveis para uso no seu documento, clique no local indicado pela seta 1 na figura 3.1. Ao fazê-lo, o MS Word irá expandir a área dos botões de ação, a qual é chamada de galeria de estilos rápidos, exibindo uma lista como a mostrada na figura 3.2.

Figura 3.2 - Galeria de Estilos Rápidos

Se você posicionar o mouse sobre um dos botões de ação, o Word irá lhe apresentar o nome completo do estilo, o que é bastante útil quando você tem nomes extensos para os seus estilos, como mostrado na figura 3.3.

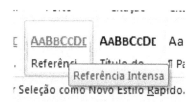

Figura 3.3 - Mouse over mostrando nome completo do estilo

Se você clicar no local indicado pela seta 2 , na figura 3.1, você irá visualizar o painel de estilos mostrado na figura 3.4.

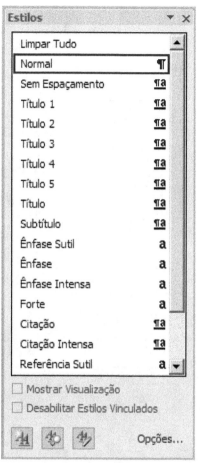

Figura 3.4 - Painel de Estilos

Se você marcar a opção "Mostrar Visualização" que existe na parte inferior da figura 3.4, o MS Word irá alterar a visualização para mostrar um preview de como ficará um texto formatado com aquele estilo, como mostrado na figura 3.5.

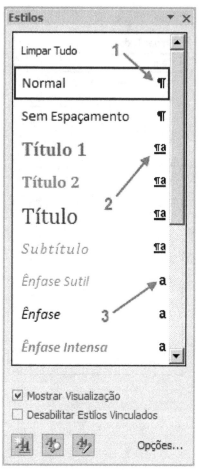

Figura 3.5 - Painel de Estilos com a visualização habilitada

Tipos de Estilo

Observe que no final de cada linha exibida na figura anterior existe um símbolo, eles são utilizados para permitir que você identifique rapidamente o tipo de cada estilo. A lista exibida na figura 3.5 acima apresenta estilos de parágrafo, de caractere e estilos ligados.

Os estilos de parágrafo são sempre identificados pelo símbolo indicado pela seta número de 1, clique com o mouse em qualquer ponto de um parágrafo e depois selecione o estilo para que ele seja aplicado ao parágrafo inteiro.

Os estilos de caractere são sempre identificados pelo símbolo indicado pela seta de número 3, clique com o mouse em qualquer ponto de uma palavra e depois selecione o estilo para que ele seja aplicado na palavra inteira, se desejar aplicar o estilo a mais de uma palavra basta selecionar as palavras desejadas antes de selecionar o estilo.

Os estilos vinculados são sempre identificados pelo símbolo indicado pela seta número 2, este tipo de estilo pode funcionar tanto como um estilo de parágrafo como um estilo de caractere. Clique com o mouse em qualquer ponto de um parágrafo para aplicar o estilo ao parágrafo todo ou então selecione uma ou mais palavras para aplicar o estilo somente a elas.

O MS Word também possui estilos de lista, os quais determinam o aspecto de listas, tais como estilo de marca, esquema de numeração, recuo, texto de rótulo, etc e estilos de tabela os quais determinam o aspecto de tabelas, tais como formatação do cabeçalho, formato das linhas de grelha, esquema de cores, etc.

Estilos de Caractere

Os estilos de caractere definem as características de formatação que serão aplicadas ao texto, tais como qual a fonte, qual o tamanho, qual a cor, se o texto será apresentado em negrito, itálico, sublinhado, etc. Este tipo de estilo não inclui nenhum parâmetro de formatação que afete as características de um parágrafo, tais como espaçamento entre linhas, recuos e avanços, alinhamento do texto, etc.

Para ilustrar o uso deste tipo de estilo, iremos utilizar o estilo "Ênfase Intensa", o qual é um dos estilos de caractere que o MS Word traz por padrão.

Clique em uma palavra qualquer do seu documento, como indicado pela seta 1 na figura 3.6.

de·estilo,·iremos·utilizar·o·estilo·"Ênfase·Intensa",·o·qual·é·um·
adrão.¶ ⟶ 1

Figura 3.6 - Clique na palavra

Agora selecione o estilo "Ênfase Intensa" na galeria de estilo rápido, como indicado pela seta 2 na figura 3.7.

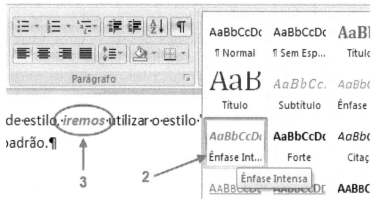

Figura 3.7 - Aplicando um estilo

Veja que a palavra na qual havíamos clicado inicialmente, indicada pela seta 3 na figura 3.7, foi formatada de acordo com as características definidas pelo estilo que selecionamos.

Se você posicionar o mouse sobre outros estilos enquanto você estiver com a galeria de estilos rápidos aberta, você irá visualizar o efeito dos mesmos no texto ao qual está aplicando a formatação, como mostrado nas figuras abaixo.

Figura 3.8 - Estilo Ênfase Sutil

Figura 3.9 - Ênfase

Figura 3.10 - Forte

Uma forma rápida de descobrir quais os parâmetros de formatação especificados por um estilo é posicionar o mouse sobre o seu nome no painel de estilos, como mostrado na figura 3.11.

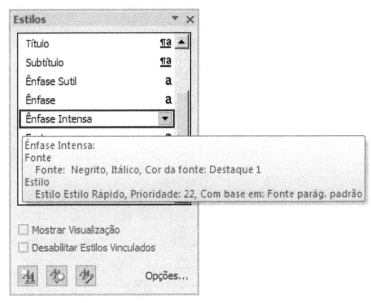

Figura 3.11 - Visualizando propriedades de um estilo

Estilos de Parágrafo

Os estilos de parágrafo especificam os mesmos parâmetros de formatação de um estilo de caractere, e, além disso, controlam todos os aspectos de aparência de um parágrafo, tais como espaçamento entre linhas, recuos e avanços, alinhamento do texto, etc.

O MS Word traz no seu template padrão dois estilos de parágrafo pré-definidos, o "Normal" e o "Parágrafo da Lista".

Quando você cria um novo documento, o estilo de parágrafo "Normal" é aplicado automaticamente pelo MS Word ao texto que você vier digitar, da mesma forma o estilo de "Parágrafo da Lista" será aplicado aos itens de uma lista que você vier a criar.

Como já mencionado anteriormente, para aplicar um estilo de parágrafo a um texto qualquer do seu documento basta clicar em qualquer ponto de um parágrafo e selecionar o estilo desejado na galeria de estilos rápidos ou no painel de estilos. Para aplicar um estilo de parágrafo a mais de um parágrafo simultaneamente, basta selecioná-los antes de clicar no estilo desejado.

Estilos Vinculados

Um estilo vinculado pode funcionar como um estilo de parágrafo ou de caractere, a forma como ele irá funcionar dependerá da forma como ele for aplicado.

Para ilustrar o uso deste tipo de estilo, iremos utilizar o estilo "Subtítulo", o qual é um dos que o MS Word traz por padrão.

Clique em uma palavra qualquer do seu documento, como indicado pela seta 1 na figura 3.12.

Figura 3.12 - Posicionando o cursor

Depois de clicar na palavra, expanda a galeria de estilos rápidos e clique no estilo "Subtítulo" para aplicá-lo ao seu documento, como mostrado na figura 3.13 pela seta 2.

Figura 3.13 - Aplicando o estilo vinculado "Subtítulo"

Veja que o parágrafo todo foi formatado com o estilo que escolhemos, ou seja, ao ser aplicado desta forma este estilo vinculado se comportou como um estilo de parágrafo. Observe também que o estilo de caractere que aplicamos no exemplo anterior foi mantido inalterado.

Agora, se ao invés de apenas clicarmos no parágrafo, nós selecionarmos uma palavra como mostrado pela seta 1 na figura 3.14.

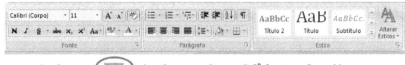

Para ilustrar o uso deste tipo de estilo, *iremos* utilizar o estilo "Ênfase intensa", o qual é um dos estilos vinculados que o MS Word traz por padrão.

1

Figura 3.14 - Selecionando uma palavra

E repetirmos a aplicação do mesmo estilo, como mostrado pela seta 2 na figura 3.15.

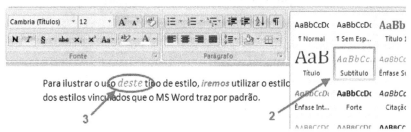

Para ilustrar o uso *deste* tipo de estilo, *iremos* utilizar o estilo dos estilos vinculados que o MS Word traz por padrão.

3   2

Figura 3.15 - Aplicando o estilo vinculado "Subtítulo"

Iremos perceber que desta vez apenas a palavra selecionada foi afetada pelo estilo que selecionamos, ou seja, ao ser aplicado desta forma o estilo vinculado se comportou como um estilo de caractere.

Se você achar que este comportamento apenas irá complicar o seu trabalho você poderá desabilitar os estilos vinculados, para isso basta selecionar a opção "Desabilitar Estilos Vinculados" no painel de estilos, como mostrado na figura 3.16.

Figura 3.16 - Desabilitando os estilos vinculados

Ao fazer este ajuste todos os estilos vinculados passarão a funcionar como se fossem apenas estilos de parágrafo.

Removendo os estilos de um texto

Sempre que você copia e cola um texto de um documento para outro, o MS Word irá transportar não só o texto em si, como também todos os estilos aplicados a ele.

Este comportamento pode não ser desejado em algumas situações, como por exemplo, quando você deseja manter a formatação pré-existente no arquivo de destino.

Para evitar que o estilo no documento de destino seja perdido você deverá remover todos os estilos aplicados ao texto no documento de origem antes de copiá-lo. Para isto basta selecionar o texto que você deseja copiar e utilizar a opção "Limpar Formatação" que pode ser localizada na parte inferior da galeria de estilos rápidos ou então a opção "Limpar Tudo" que existe no inicio da lista no painel de estilos, como mostrado na figura 3.17 E 3.18.

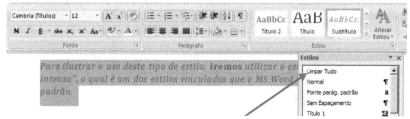

Figura 3.17 - Removendo os estilos aplicados pelo painel de estilo

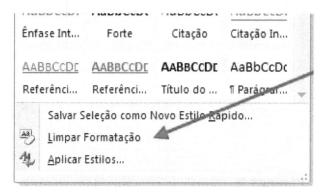

Figura 3.18 - Removendo os estilos aplicados pela galeria de estilos

Ao usar uma destas duas opções a formatação do texto será removida, como demonstrado na figura 3.19.

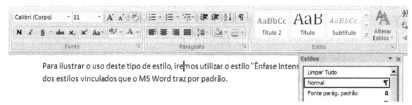

Figura 3.19 - Texto sem nenhum estilo aplicado

Agora você já pode copiar livremente o texto de um documento para outro.

Apesar do MS Word já trazer incorporado uma série de estilos, muito provavelmente você irá precisar trabalhar com estilos personalizados para dar ao seu livro a aparência exata que você deseja, na próxima seção vamos aprender como criar um estilo personalizado, mas antes de prosseguirmos vamos ver como configurar a galeria de estilos rápidos e a lista de estilos para exibir apenas os estilos que vamos criar.

Como limpar a Galeria de Estilos Rápidos

O procedimento para limpar a galeria de estilos rápidos é bastante simples, basta você clicar com o botão direito do seu mouse sobre um dos estilos exibidos na barra de ferramentas e depois selecionar a opção "Remover da Galeria de Estilos Rápidos", como mostrado na figura 3.20 abaixo.

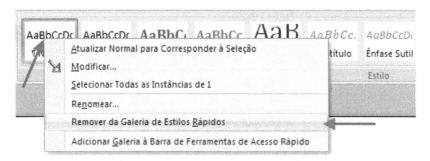

Figura 3.20 - Removendo um estilo da galeria

Repita este procedimento até que a galeria fique vazia, como mostrado 3.21.

Figura 3.21 - Galeria de estilos vazia

Como ocultar os estilos que não estão sendo utilizados da lista em do painel de estilos

A lista de estilos que é exibida no painel de estilos também pode ser customizada de forma a mostrar apenas os estilos que estamos utilizando em nosso documento. Para isso clique no local indicado pela seta na figura 3.22.

Figura 3.22 - Acessando o painel de estilos

No painel de estilos que será exibido, clique no item "Opções", indicado pela seta na figura 3.23.

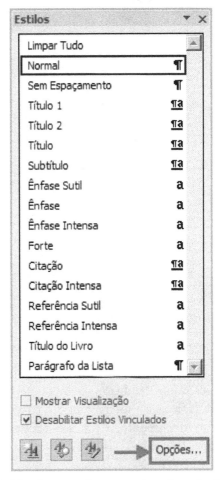

Figura 3.23 - Acessando as opções do painel de estilo

Ao clicar neste item, você irá visualizar a tela de opções do painel de estilos, mostrada na figura 3.24 abaixo:

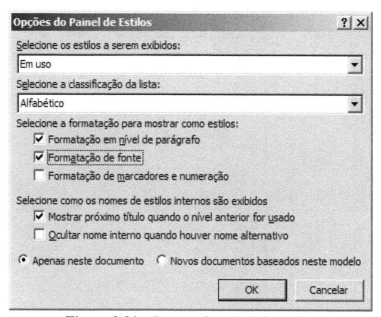

Figura 3.24 - Opções do painel de estilos

Ajuste os valores das opções para refletir o que está exibido na figura 3.24 acima, ou seja:

- No item "Selecione os estilos a serem exibidos:" escolha a opção "Em uso"

- No item "Selecione a Classificação da lista:" escolha a opção "Alfabético"

- No item "Selecione a formatação para mostrar como estilos:" marque as opções "Formatação em nível de parágrafo" e "Formatação de fonte"

- No item "Selecione como os nomes dos estilos internos são exibidos:" marque a opção "Mostrar próximo título quando o nível anterior for usado"

- Na parte inferior da tela manter a opção "Apenas neste documento" selecionada.

Pressione o botão "OK" para salvar as suas alterações.

Agora o seu painel de estilo deverá estar exibindo apenas o estilo Normal, como mostrado na figura 3.25.

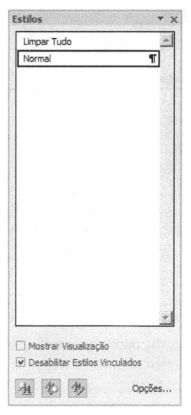

Figura 3.25 - Painel de estilos vazio

Agora que nosso painel de estilos está vazio, vejamos como criar um estilo personalizado.

Como criar um Estilo personalizado

O processo de criação de um estilo personalizado é bastante simples, na prática tudo o que você precisa fazer é selecionar um texto no seu documento que esteja formatado como você deseja e informar ao MS Word que gostaria de salvar as propriedades de formatação do mesmo como um estilo.

Para ilustrar o processo vamos criar um estilo personalizado para ser utilizado na formatação dos títulos de um livro, acompanhe o passo a passo abaixo.

1. Selecione o texto que deseja transformar no título do seu capítulo, e abra o painel de configuração da fonte, clicando no local indicado pela seta na figura 3.26.

Figura 3.26 - Acessando a tela de propriedade de fonte

2. Configure as propriedades da fonte de forma que o texto fique da forma como você deseja, quando finalizar pressione "OK" para aplicar a configuração.

Figura 3.27 - Tela de configuração das propriedades da fonte (Fonte)

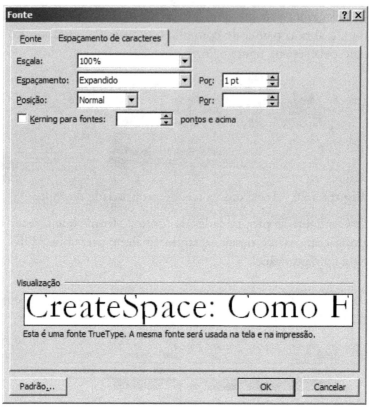

Figura 3.28 - Tela de configuração das propriedades da fonte
(Espaçamento)

3. Ainda com o texto selecionado, abra o painel de configuração das propriedades do parágrafo, clicando no local indicado pela figura 3.29 abaixo.

Figura 3.29 - Acessando a tela de configuração de parágrafo

4. Configure as propriedades do seu parágrafo de forma que ele fique da forma como você deseja, quando finalizar pressione "OK" para aplicar a configuração.

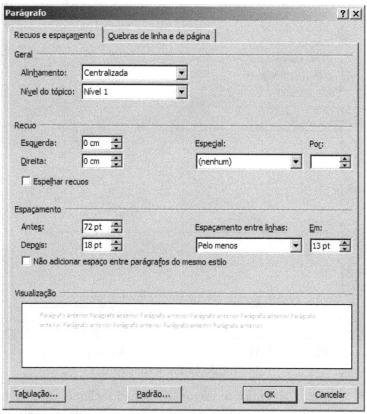

Figura - 3.30 - Tela de configuração de parágrafo
(Recuos e espaçamento)

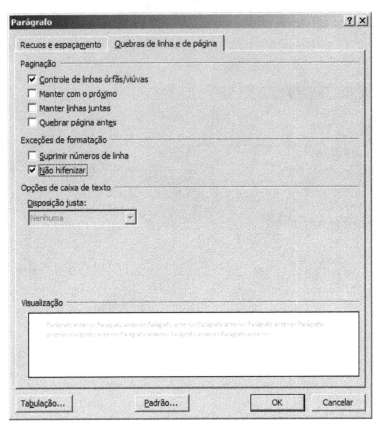

Figura - 3.31 - Tela de configuração de parágrafo
(Quebra de Linha e de página)

5. Ainda mantendo o texto selecionado clique com o botão direito do mouse sobre ele, e no menu que será exibido, selecione a opção "Estilos" e depois a opção "Salvar Seleção como Novo Estilo Rápido", como mostrado na figura 3.32.

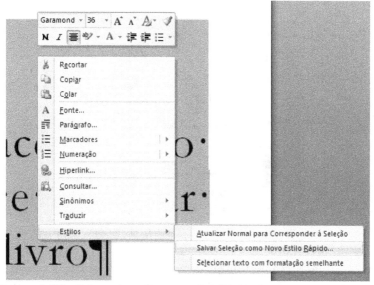

Figura 3.32 - Salvando a formatação de um texto como um novo estilo

6. Ao clicar nesta opção você irá visualizar a janela exibida na figura 3.33 abaixo. Digite o nome desejado para o seu título, procure dar um nome que seja fácil de ser associado ao tipo de formatação que ele representa. Pressione "OK" para salvar o seu novo estilo.

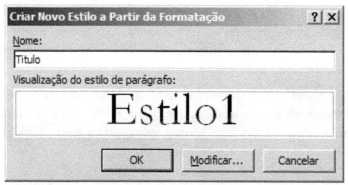

Figura 3.33 - Criar novo estilo a partir da formatação

7. A partir deste momento o seu estilo personalizado já estará disponível para uso, estando acessível tanto pela galeria de estilos rápidos quando pelo painel de estilos. Como mostrado na figura 3.34 abaixo.

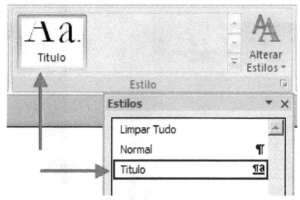

Figura 3.34 - Visualizando o seu estilo personalizado

8. Quando você cria um estilo desta forma, o comportamento padrão do MS Word será considerar que o parágrafo seguinte do seu documento também irá utilizar o mesmo estilo, o que na maior parte das vezes é desejado para os parágrafos normais de um documento, mas este comportamento não é adequado para um título. Você também poderá configurar o seu estilo para que ele herde as propriedades de formatação de qualquer outro estilo disponível no seu documento, esta possibilidade é bastante útil, mas deverá ser utilizada com cuidado.

Quando você tiver criado todos os seus estilos você poderá instruir o MS Word a utilizar o estilo que você criar especificamente para o primeiro parágrafo de um capítulo, mas por enquanto vamos modificar o estilo que criamos para utilizar o estilo "Normal" no parágrafo seguinte a ele.

Para modificar o seu estilo basta clicar com o botão direito do mouse sobre ele no painel de estilos ou na galeria de estilos rápidos, e escolher a opção "Modificar", como mostrado na figura 3.35.

Figura 3.35 - Modificando um estilo

9. Ao escolher esta opção, você irá visualizar a tela de edição de propriedades de um estilo mostrada na figura 3.36.

O item "Estilo baseado em:" define se o nosso estilo deve herdar as propriedades de algum outro estilo, como não desejamos que o nosso título venha a ser afetado no futuro por nenhuma alteração feita no estilo "Normal" altere o valor deste campo de "Normal" para "(sem estilo)" para torná-lo um estilo 100% independente.

O item "Estilo do parágrafo seguinte:" é o parâmetro de configuração que define qual será o estilo padrão no parágrafo seguinte a um texto formatado com este estilo, altere o valor seu valor de "Titulo" para "Normal", estes ajustes estão ilustrados na figura 3.36 abaixo. Pressione "OK" para salvar a sua alteração.

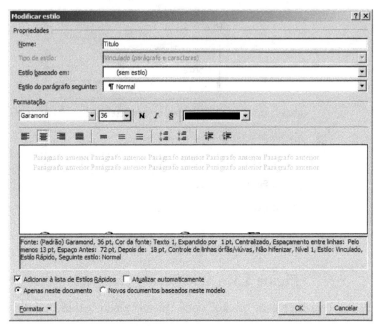

Figura 3.36 - Tela modificar estilo

10. Com esta alteração a criação do seu primeiro estilo personalizado está concluída. Se você desejar fazer outras alterações no estilo que acabou de criar, basta acessar novamente a tela de propriedades como ilustrado na figura 3.35. Depois basta escolher o grupo de propriedades que você deseja modificar no seu estilo pressionando o botão "Formatar", localizado no canto inferior esquerdo da tela exibida na figura 3.36. Os grupos de propriedades disponíveis para customização podem ser vistos na figura 3.37.

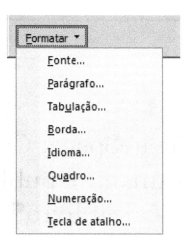

Figura 3.37 - Opções de formatação

A figura 3.38 abaixo mostra como ficaria a aparência de um titulo formatado com o estilo criado acima em uma pagina 6" x 9", o texto abaixo do titulo está formatado com o estilo normal, conforme configuramos.

CreateSpace: Como Formatar e publicar seu livro¶

Lorem ipsum dolor sit amet, consectetur adipiscing elit. Donec sit amet nunc nulla. Cras condimentum consectetur ullamcorper. Aenean nec vulputate lectus. Proin egestas, enim sed rutrum imperdiet, tortor nibh eleifend odio, interdum faucibus risus odio vitae elit. Curabitur ultrices scelerisque nibh vitae posuere. Nam iaculis scelerisque tristique. Aliquam tristique odio in metus pulvinar congue. Duis nec orci elementum, adipiscing tellus quis, ultrices dolor. Aenean felis libero, ullamcorper et condimentum et, rhoncus eu orci. Praesent lobortis sem id purus pharetra, id hendrerit est pellentesque. Aliquam nisi diam, posuere eu libero quis, fringilla ultricies lorem. In at nisi felis. Nam et tincidunt eros. Morbi rutrum nec elit a volutpat. ¶

Quisque orci diam, placerat eget scelerisque eu, cursus sit amet velit. Etiam a nibh ut urna scelerisque mattis. Vestibulum quis eros felis. Morbi mauris tortor, convallis eu nibh id, pellentesque commodo augue. Pellentesque eu mi ante. Aenean pharetra non neque in volutpat. Nunc vitae lobortis ligula. ¶

Fusce sem lectus, tincidunt eget lacinia a, congue a ante. Aliquam a quam gravida, ullamcorper urna in, elementum neque. Nulla nec viverra orci. Proin quis tortor id quam ornare semper. Lorem ipsum dolor sit amet, consectetur adipiscing elit. Lorem ipsum dolor sit amet,

Figura 3.38 - Exemplo de uso do estilo de titulo criado nesta seção

Se você desejar remover um estilo customizado da sua galeria de estilos rápidos ou mesmo do seu documento, basta selecionar a opção "Remover da Galeria de Estilos Rápidos" ou "Excluir <nome do estilo>" no menu exibido na figura 3.35.

Existem outras formas de criar um estilo personalizado, mas acredito a forma descrita acima é suficiente para que você crie com sucesso os estilos que irá utilizar.

Exemplos de Estilos customizados

Abaixo você encontra uma lista com uma sugestão de alguns estilos que provavelmente lhe serão uteis durante a formatação do seu livro.

O objetivo desta a lista é sugerir estilos pelo seu uso, ou seja, baseado em elementos do seu livro que você terá que padronizar durante a formatação para que seu documento seja consistente. Os parâmetros de formatação sugeridos em cada um deles devem ser considerados apenas um exemplo de como você pode definir cada estilo, você deverá configurar cada um deles de acordo com o seu gosto.

Apesar dos parâmetros acima parecerem confusos acredito que você não terá problemas para replicá-los se desejar replicá-los no seu documento, em cada estilo estão listadas apenas as propriedades que foram alteradas e/ou que estão ativas para ele, todos os ajustes estão acessíveis nas telas de propriedades de fonte (Figuras 3.27 e 3.28), de propriedades de parágrafo (Figura 3.30 e 3.31) e de estilo (Figura 3.36).

Título (Folha de Rosto) - Fonte: (Padrão) Garamond, 36 pt, Cor da fonte: Texto 1, Todas em maiúsculas, Centralizado, Espaçamento entre linhas: simples, Controle de linhas órfãs/viúvas, Nível 1, Estilo: Estilo Rápido, Seguinte estilo: Subtítulo (Folha de Rosto)

Subtítulo (Folha de Rosto) - Fonte: (Padrão) Garamond, 14 pt, Cor da fonte: Texto 1, Todas em maiúsculas, Centralizado, Espaçamento entre linhas: simples, Controle de linhas órfãs/viúvas, Estilo: Estilo Rápido, Seguinte estilo: Nome do Autor (Folha de Rosto)

Nome do Autor (Folha de Rosto) - Fonte: (Padrão) Garamond, 18 pt, Cor da fonte: Texto 1, Centralizado, Espaçamento entre linhas: simples, Espaço Antes: 90 pt, Depois de: 124 pt, Controle de linhas órfãs/viúvas, Estilo: Estilo Rápido, Seguinte estilo: Editora (Folha de Rosto)

Editora (Folha de Rosto) - Fonte: (Padrão) Garamond, 12 pt, Cor da fonte: Texto 1, Expandido por 2 pt, Centralizado, Espaçamento entre linhas: simples, Espaço Depois de: 10 pt, Controle de linhas órfãs/viúvas, Estilo: Estilo Rápido, Seguinte estilo: Direitos Autorais

Direitos Autorais - Fonte: (Padrão) Garamond, 9 pt, Justificado, Espaçamento entre linhas: simples, Controle de linhas órfãs/viúvas, Estilo: Estilo Rápido

Número de Capítulo - Fonte: (Padrão) Garamond, 10 pt, Sublinhado, Cor da fonte: Texto 1, Todas em maiúsculas, Expandido por 2 pt, Centralizado, Espaçamento entre linhas: simples, Espaço Antes: 30 pt, Depois de: 40 pt, Controle de linhas órfãs/viúvas, Estilo: Estilo Rápido, Seguinte estilo: Titulo de Capitulo

Título (Capítulo) - Fonte: (Padrão) Garamond, 26 pt, Cor da fonte: Texto 1, Centralizado, Espaçamento entre linhas: simples, Espaço Depois de: 60 pt, Controle de linhas órfãs/viúvas, Nível 1, Estilo: Vinculado, Estilo Rápido, Seguinte estilo: Parágrafo (Não identado)

Título (Seção) - Fonte: 18 pt, À esquerda, Espaço Antes: 18 pt, Depois de: 6 pt, Nível 2, Estilo: Estilo Rápido, Com base em: Titulo (Capitulo), Seguinte estilo: Parágrafo (Não identado)

Subtítulo (Seção) - Fonte: 14 pt, À esquerda, Espaço Antes: 18 pt, Depois de: 6 pt, Nível 3, Estilo: Vinculado, Estilo Rápido, Com base em: Titulo (Capitulo), Seguinte estilo: Parágrafo (Não identado)

Parágrafo (Normal) - Fonte: (Padrão) Garamond, 11 pt, Recuo: Primeira linha: 0,51 cm, Justificado, Espaçamento entre linhas: Pelo menos 16 pt, Não adicionar espaço entre parágrafos do mesmo estilo, Controle de linhas órfãs/viúvas, Estilo: Vinculado, Estilo Rápido

Parágrafo (Não identado) - Recuo: Primeira linha: 0 cm, Estilo: Estilo Rápido, Com base em: Parágrafo (Normal), Seguinte estilo: Parágrafo (Normal)

Parágrafo (Centralizado) - Fonte: (Padrão) Garamond, 11 pt, Centralizado, Espaçamento entre linhas: simples, Controle de linhas órfãs/viúvas, Não hifenizar, Estilo: Estilo Rápido

Parágrafo (Centralizado e Itálico) - Fonte: Itálico, Estilo: Estilo Rápido, Com base em: Parágrafo (Centralizado)

Parágrafo (Centralizado e Negrito) - Fonte: Negrito, Estilo: Vinculado, Estilo Rápido, Com base em: Parágrafo (Centralizado)

Parágrafo (Centralizado, Itálico e Negrito) - Fonte: Negrito, Itálico, Estilo: Vinculado, Estilo Rápido, Com base em: Parágrafo (Centralizado)

Parágrafo (Versalete) - Versalete, Recuo: Primeira linha: 0 cm, Estilo: Vinculado, Estilo Rápido, Com base em: Parágrafo (Normal), Seguinte estilo: Parágrafo (Normal)

Espaçador de Página - Fonte: (Padrão) Garamond, Centralizado, Espaçamento entre linhas: simples, Espaço Antes: 100 pt, Depois de: 10 pt, Controle de linhas órfãs/viúvas, Estilo: Estilo Rápido, Seguinte estilo: Parágrafo (Centralizado)

As figuras a seguir simulam as páginas iniciais de um livro com o objetivo de ilustrar melhor qual seria a aparência do mesmo se formatado com os estilos definidos acima, o estilo aplicado em cada parte da página está indicado pelas setas.

Figura 3.39 - Folha de rosto

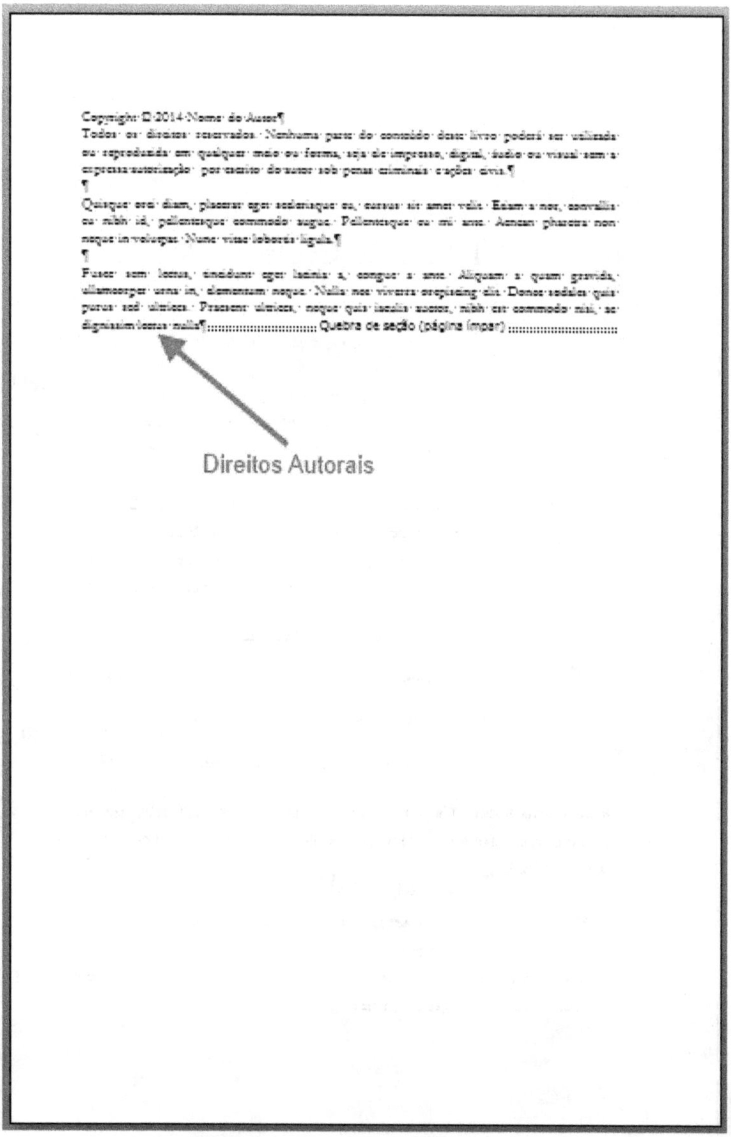

Direitos Autorais

Figura 3.40 - Página de direitos autorais

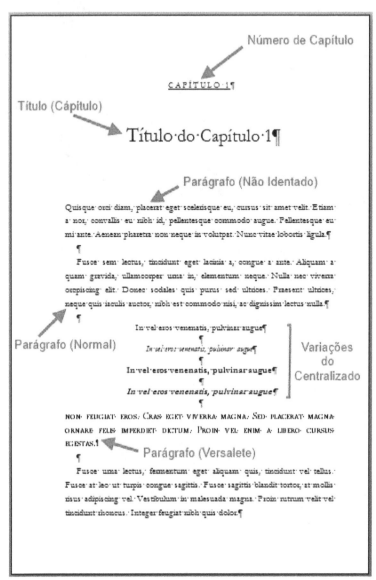

Figura 3.41 - Primeira página de um capítulo

Dependendo da natureza do seu livro existirão diversos outros estilos que você pode vir a precisar, tais como estilo para listas, tabelas, etc. O principio de customização deste tipo de estilo é o mesmo que abordamos nesta seção.

Se você tiver duvidas sobre qual deverá ser a aparência e a organização do interior do seu livro, você poderá buscar inspiração na formatação de livros que você tenha lido no passado, encontre um do qual você goste da formatação e do layout e tente criar os estilos necessários para emular esta aparência.

Trabalhando com Conjuntos de Estilos

É muito provável que você venha a precisar dos seus estilos customizados no futuro, quando por exemplo, for formatar seu próximo livro. Para viabilizar que você possa acessar os seus estilos customizados em um novo documento o MS Word oferece um recurso chamado "Conjunto de Estilos", através dele você poderá salvar os seus estilos em um arquivo separado para que possa carregá-los novamente no futuro para uso em um novo documento.

Além de permitir que você faça uma cópia de segurança dos seus estilos, esta funcionalidade também pode ser utilizada para criar variações de formatação do seu livro de forma praticamente automática, e para isto basta você criar 2 conjuntos diferentes de estilo nos quais cada estilo individual tenha o mesmo nome mas que aplique um efeito de formatação diferente quando utilizado.

Desta forma quando você mudar o conjunto de estilos ativo no seu documento, o que é feito selecionando um novo conjunto de estilos dentre a lista de conjuntos disponíveis, a formatação de todos os elementos do texto será alterada automaticamente.

Isto é bastante útil quando você precisar produzir variações de um mesmo documento, você pode criar um conjunto de estilos para formatar seu livro impresso e outro conjunto de estilos que otimize a sua formatação para publicação como um e-book, uma vez que ele requer uma formatação mais simples.

A criação de um conjunto de estilos é bem simples, basta clicar no botão "Alterar Estilos" na barra de ferramentas, indicado pela seta 1 e depois selecionar a opção "Conjunto de Estilos" indicada pela seta 2 e por fim escolher a opção "Salvar como Conjunto de Estilos Rápidos" como indicado pela seta 3 na figura 3.42.

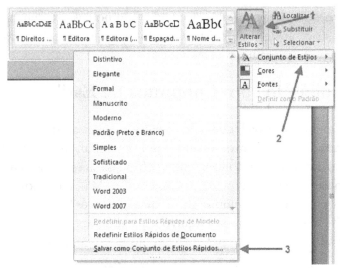

Figura 3.42 - Criando um conjunto de estilos

Ao escolher esta opção você irá visualizar a tela exibida na figura 3.43, basta escolher o nome desejado para o seu conjunto de estilos e digitá-lo no campo "Nome do Arquivo". Pressione o botão "Salvar" para voltar ao seu documento.

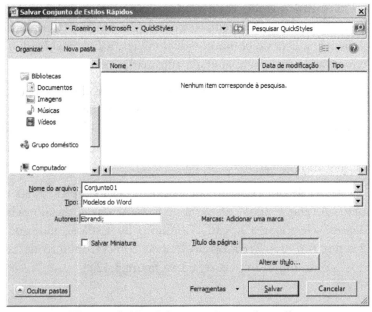

Figura 3.43 - Salvar conjunto de estilos

A partir de agora sempre que você quiser utilizar os seus estilos personalizados em um novo documento, basta clicar no botão "Alterar Estilos" e selecionar o conjunto que acaba de criar, como mostrado na figura 3.44.

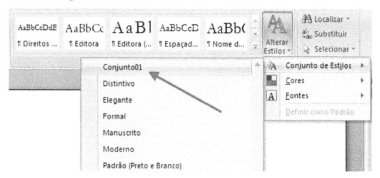

Figura 3.44 - Alterando o conjunto de estilo ativo

Se por algum motivo você desejar remover o conjunto de estilo criado por você, basta apagar o arquivo que foi criado na figura 3.43.

A lista com os conjuntos disponíveis será atualizada automaticamente após a deleção do mesmo.

CAPÍTULO 4

COMO PREPARAR UMA CAPA PARA O SEU LIVRO

Durante o processo de configuração do seu livro para impressão através da plataforma da CreateSpace você terá a oportunidade de utilizar uma ferramenta online disponibilizada por eles para criar uma capa para o seu livro.

Apesar do grande número de templates e layouts disponibilizados na ferramenta, você pode não gostar de nenhum e neste caso você terá que usar outros softwares para criar a sua capa, tais como o Adobe Photoshop, Adobe InDesign, Adobe Illustrator, etc.

O uso destes programas para a criação de uma capa está fora do escopo proposto para este livro, mas neste breve capítulo iremos abordar todos os pontos relevantes que você precisará se atentar ao criar pessoalmente a capa do seu livro para uso na plataforma da CreateSpace ou que deverá transmitir ao designer que você contratar para criá-la.

Requisitos técnicos de uma Capa

A plataforma da CreateSpace só aceita a submissão de capas no formato .PDF , cada capa deverá ser representada por um único arquivo o qual deverá conter a contra capa, lombada e capa.

Você poderá utilizar qualquer tamanho de página para o arquivo através do qual você irá submeter a sua capa, porém a área de impressão deverá estar centralizada na horizontal e na vertical e ter exatamente a dimensão das páginas do seu livro somada de pelo menos 0,125 polegadas (0.31750 cm) de bleed (espaço extra) em cada lado da capa, e das dimensões da lombada.

A largura da lombada do seu livro deve ser calculada em função do tipo de papel, do tipo de impressão e do número de páginas do seu livro.

- Nos livros que utilizam papel branco e cujo interior é impresso em preto e branco, cada página tem a espessura de 0.002252 polegadas (0.00572008 cm).

- Nos livros que utilizam papel creme e cujo interior é impresso em preto e branco, cada página tem a espessura de 0.002500 polegadas (0.00635 cm).

- Nos livros que impressos em cores (o papel é sempre branco), cada página tem a espessura de 0.002347 polegadas (0.00596138 cm).

Ou seja, se você estiver criando uma capa para um livro de 200 páginas no formato 6" x 9", com interior em papel branco e impresso em preto e branco, a área de impressão da sua capa deverá ter:

Largura: 0,125" de Bleed + 6" da contra capa + 200 * 0,002252 + 6" da capa + 0,125 de Bleed = 6,7004 polegadas (17.019 cm)

Altura: 0,125" de Bleed + 9" de altura da página + 0,125 de Bleed = 9,25 polegadas (23.495cm)

A sua contra capa deverá ter o código de barras do seu ISBN impresso, a presença do mesmo na sua contra capa é obrigatória. O código de barras poderá ser inserido por você no momento da criação da sua capa ou pela CreateSpace no momento da impressão do seu livro. Eu recomendo que você opte por ter o código de barras inserido por eles.

Para isso basta deixar uma área livre de 2 polegadas por 1,2 polegadas (5,08 cm X 3.048 cm) na sua contra capa. Esta área deverá ser reservada no canto inferior direito da contra capa a uma distância de 0,25 polegadas (0.635 cm) da borda inferior e a uma distância a 0,25 polegadas da lombada.

Você deve evitar o uso de elementos gráficos que delimitem de forma fixa a separação entre o conteúdo da sua lombada e o conteúdo do restante da capa. Podem ocorrer pequenas variações durante o processo de encadernação do seu livro e nem todos terão a capa dobrada exatamente no mesmo lugar. Para evitar problemas você deve considerar uma margem de tolerância de pelo menos 0.0625 polegadas (0.15875 cm) de cada lado da sua lombada, desta forma o espaço útil para a inserção de textos na sua lombada será equivalente à espessura da sua lombada subtraída de 0,125 polegadas.

A CreateSpace não permite a impressão de texto na lombada de livros com menos de 130 páginas, se o seu livro tiver um número de páginas menor você deverá manter a área da lombada preenchida apenas pela imagem de fundo da sua capa.

Todos os elementos relevantes da sua capa (imagens, títulos, etc.) deverão ser posicionados a uma distância mínima de 0.125 polegadas da borda da página para evitar que eles sejam danificados durante o processo de corte da mesma.

A área total de impressão deverá exceder o tamanho da página do seu livro em pelo menos 0.125 polegadas, este espaço extra recebe o nome de bleed e tem o objetivo de acomodar eventuais variações na posição de corte da sua capa.

Todas as imagens utilizadas na sua capa deverão respeitar os padrões de cores CMYK ou RGB e ter uma resolução nativa de no mínino 300 DPIs.

Todas as fontes que forem utilizadas na sua capa deverão ser embedadas no arquivo .PDF que será enviado para a CreateSpace, do contrário a sua capa poderá ser rejeitada.

Agora você já sabe quais os requisitos técnicos para a criação de uma capa para uso com a plataforma da CreateSpace, se você achou complicado não se preocupe, na próxima seção você vai descobrir uma forma de simplificar o processo de criação da sua capa.

Como gerar um template de capa customizado para o seu livro

A forma mais simples de criarmos uma capa e termos a certeza que ela irá atender a todos os requisitos da plataforma de publicação é fazer uso da ferramenta de geração de templates disponibilizada pela CreateSpace no endereço http://goo.gl/ZwtKaO.

A área principal da ferramenta pode ser vista na figura 4.1.

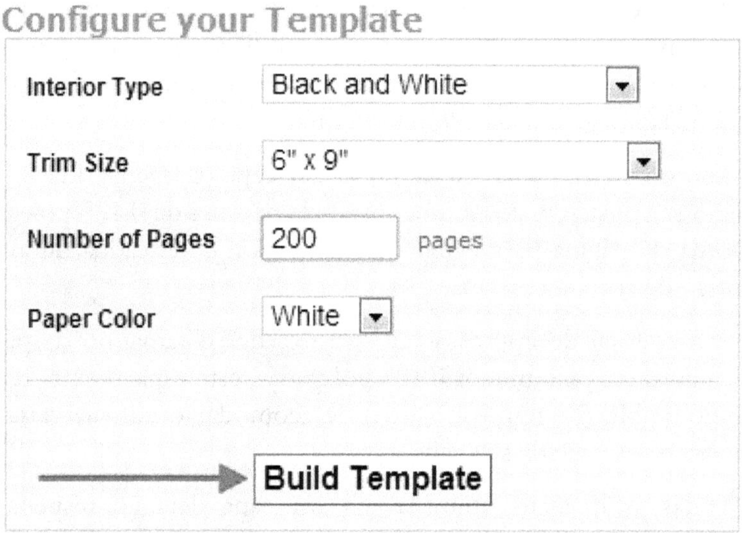

Figura 4.1 - Gerando um template de capa customizado

O uso da ferramenta é bastante simples, basta você informar os seguintes dados do seu livro:

- Se o interior do livro será "Colorido" ou "Preto e Branco";

- As dimensões das páginas do seu livro;

- O número de páginas;

- E o tipo de papel no qual ele será impresso

E depois clicar no botão "Build Template", ao fazer isso você irá visualizar a tela exibida na figura 4.2.

98

Figura 4.2 - Download do template de capa customizado

Clique no link "Click here to begin Download" para fazer o download de um arquivo compactado, o qual irá conter o template customizado para o tamanho do seu livro em 2 formatos diferentes (.PDF e .PNG).

Se você vier a contratar um designer para criar a sua capa, lembre-se de enviar estes arquivos para ele.

Entendendo as áreas do template

Quando você abrir o template da sua capa você irá encontrar uma figura como a mostrada na figura 4.3

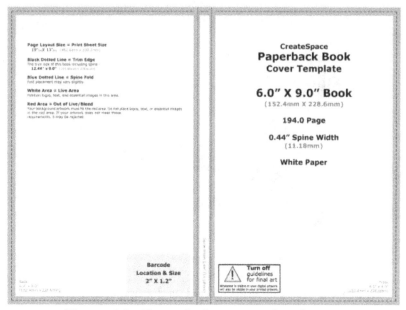

Figura 4.3 - Exemplo de um template de capa

Para facilitar o entendimento das áreas do template, a figura 4.4 mostra uma parte ampliada do template da figura 4.3.

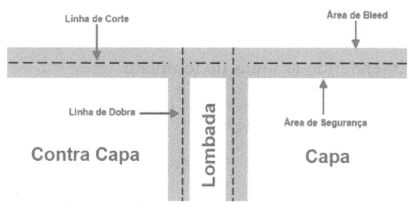

Figura 4.4 - Ampliação com detalhes do template

A área branca do lado esquerdo do template deverá ser preenchida com o conteúdo da contra capa (Back Cover) do seu livro, a área branca ao centro deverá receber o conteúdo destinado para a lombada do seu livro (Spine), já a área branca do lado direito do template deverá receber o conteúdo destinado a sua capa (Front Cover) propriamente dita.

Nenhum elemento da sua capa, tais como imagens, logos, textos, etc deverá ultrapassar a borda das áreas brancas.

A área delimitada pela cor laranja deverá ser preenchida apenas pela arte de fundo da sua capa (Background).

Depois de impressa a sua capa será cortada na linha tracejada em preto (linha de corte), e dobrada na linha tracejada em azul (linha de dobra).

A área delimitada pela cor laranja que fica após a linha de corte é chamada de área de bleed, a área laranja que aparece do lado de dentro da linha de corte é chamada de área de segurança.

Estas áreas existem evitar que a capa de alguns dos seus livros apresente defeitos. O processo de corte da capa é mecânico e como tal pode sofrer pequenas variações de onde vai ocorrer. Se a sua capa não tiver uma área de bleed alguns dos seus livros poderão apresentar um filete branco nas bordas, por sua vez se você não respeitar a área de segurança e colocar algum conteúdo importante nela, este conteúdo poderá aparecer cortado nas capas de alguns dos seus livros.

É por causa destes possíveis defeitos e das reclamações que eles geram por parte dos leitores que a CreateSpace pode rejeitar uma capa cujo conteúdo ultrapasse os limites das áreas brancas.

O template também exibe um retângulo na cor amarela de 2 polegadas por 1,2 polegadas na parte inferior direita da área destinada a contra capa, a CreateSpace irá usar este espaço para colocar o código de barras com o ISBN do seu livro, portanto a arte final da sua capa deverá manter esta área livre. Ela poderá estar preenchida com a arte de fundo da sua contra capa, eu prefiro demarcar essa área com um retângulo branco sólido. Se a sua contra capa não tiver espaço para a impressão do código de barras ela poderá ser rejeitada.

Como utilizar o template

Agora que você já entendeu a função de cada área do seu template de capa, veja algumas dicas de como utilizá-lo.

A função básica do template que você gerou é servir de guia para a construção da sua capa, ou seja, você irá literalmente construir a sua capa sobre ele, para isso você vai precisar de um software de edição de imagens que suporte a existência diversas camadas (layers) em uma mesma imagem.

A maior parte dos softwares pagos de edição de imagem suportam esta funcionalidade, um software gratuito que possui esse mesmo recurso é o Paint.Net (http://www.getpaint.net).

Para iniciar a criação da sua capa basta abrir o template no programa de sua preferência e criar uma nova camada sobre a imagem original. Você usará esta nova camada para criar a sua capa, e utilizará o template que ficou na camada original como guia. Se formos fazer uma analogia, é praticamente o mesmo que colocar uma folha de papel vegetal sobre um desenho para poder copiá-lo desenhando sobre os contornos originais. Simples, não?

Ao abrir o template você irá verificar que a imagem é "imensa", no caso de um livro com 6" x 9" ela terá 5700 x 3900 com 300 DPI de resolução, o que se traduz em uma área de impressão de 48,26 cm por 33,02 cm. Você não deve redimensionar a imagem e nem mudar a área que representa a sua capa de posição no grid, pois o template já está alinhado de forma a atender os requisitos da plataforma de impressão da CreateSpace.

Certifique-se de que nenhuma imagem, texto ou logomarca ultrapasse a área destinada ao conteúdo da sua capa, e lembre-se de manter a área destinada ao seu código de barras desobstruída.

Quando tiver finalizado a criação da sua capa lembre-se de desativar a exibição da camada que lhe serviu de guia e de achatar (flatten) todas as demais camadas antes de exportar a capa para o formato PDF, o qual deverá incorporar todas as fontes que foram utilizadas na construção da capa.

CAPÍTULO 5

INFORMAÇÕES BÁSICAS SOBRE A CREATESPACE

A CreateSpace é uma empresa de publicação sob demanda pertencente a Amazon.com, e é uma das maiores empresas do mundo neste segmento, os livros produzidos por ela são de ótima qualidade e de excelente acabamento.

Através dela você poderá publicar e distribuir livros tradicionais, CDs de áudio e DVDs por uma fração do custo que teria através de um processo tradicional de fabricação, ao mesmo tempo em que mantém controle total sobre seu material.

Ao produzir seu livro físico utilizando a CreateSpace você poderá comercializá-lo globalmente de uma forma simples, descomplicada e praticamente sem nenhum investimento financeiro.

Qual o custo de produção de um livro?

O custo de produção de um livro pela CreateSpace é composto por uma parte fixa e uma parte variável, os quais por sua vez são definidos pelas características físicas do seu livro, tais como o número de páginas, o tipo impressão usada para o interior (se preto e branco ou colorido) e o país no qual o ele será impresso (se nos Estados Unidos ou na Europa). As dimensões da página do seu livro não afetam o seu custo.

Os custos fixos envolvidos na produção de um livro pela CreateSpace podem ser vistos na tabela 5.1 abaixo:

Amazon.com, Loja CreateSpace e Distribuição Expandida	Custo por Livro
Interior em Preto e Branco – Livros de 24 a 108 páginas	US$ 2,15
Interior em Preto e Branco – Livros de 110 a 828 páginas	US$ 0,85
Interior Colorido – Livros de 24 a 40 páginas	US$ 3,65
Interior Colorido – Livros de 42 a 500 páginas	US$ 0,85
Amazon Europa	Custo por Livro
Livros impressos na Inglaterra	£ 0,70
Livros impressos na Europa Continental	€ 0,60

Tabela 5.1 - Custos fixos de impressão

Os custos variáveis por sua vez estão listados na tabela 5.2.

Amazon.com, Loja CreateSpace e Distribuição Expandida	Custo por Página
Interior em Preto e Branco – Livros de 24 a 108 páginas	Nenhum
Interior em Preto e Branco – Livros de 110 a 828 páginas	US$ 0,012
Interior Colorido – Livros de 24 a 40 páginas	Nenhum
Interior Colorido – Livros de 42 a 500 páginas	US$ 0,07
Amazon Europa	Custo por página
Interior em Preto e Branco – Impresso na Inglaterra	£ 0,01
Interior Colorido – Impresso na Inglaterra	£ 0,045
Interior em Preto e Branco – Impresso na Europa Continental	€ 0,012
Interior colorido – Impresso na Europa Continental	€ 0,06

Tabela 5.2 - Custos variáveis

Com base nestas informações, o custo de produção de um livro de 200 páginas no formato 6" X 9" (15,24 x 22,86 cm) com interior em preto e branco impresso nos EUA, seria composto por US$ 0,85 de custo fixo e US$ 2,40 de custo variável, totalizando US$ 3,25. Se você optar por comprar cópias do seu livro para vender diretamente aos seus leitores, este é o valor que você pagará para a CreateSpace.

Uma forma rápida de simular o custo de produção de um livro é utilizar a ferramenta "Member Order Calculator" disponível no endereço http://goo.gl/gXuSS.

Para obter o custo estimado de produção basta informar o tipo de interior desejado (se preto e branco ou colorido), a dimensão das páginas e o número de páginas do livro. Observe que por padrão esta calculadora considera que o livro será impresso nos Estados Unidos.

A figura 5.1 abaixo mostra a simulação de custo para um livro com as mesmas características do exemplo anterior.

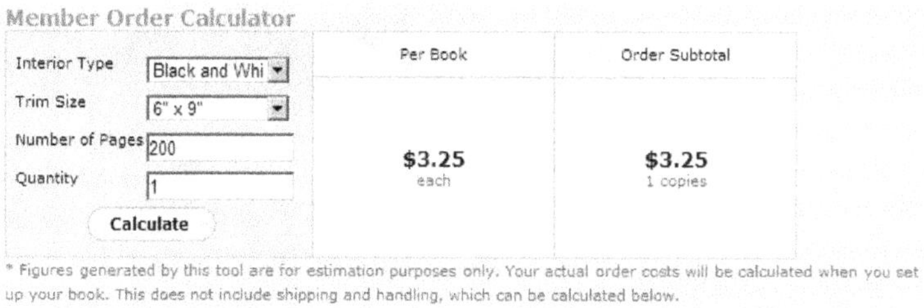

Figura 5.1 - Member Order Calculator

Como os valores podem mudar a qualquer momento, recomendo que consulte sempre o site da CreateSpace para verificar os valores atualizados, os quais estão listados no endereço http://goo.gl/jKdn8

Qual o custo de entrega para um livro produzido e comercializado diretamente pela CreateSpace?

Normalmente o custo de entrega será pago diretamente pelos seus leitores para o canal de venda no qual eles compraram o seu livro, porém caso você mesmo venha a comprar cópias do seu livro para vender diretamente aos seus leitores, é importante conhecer os valores praticados pela CreateSpace.

O custo de entrega de cópias compradas diretamente da CreateSpace irá variar apenas com o local de entrega e o número de cópias, o tamanho do livro não irá afetar o custo do frete.

A CreateSpace cobra um valor fixo por entrega ao qual é somado um valor variável em função do número de livros. Ela disponibiliza 3 velocidades de entrega para você escolher.

A tabela 5.3 abaixo apresenta os custos para entrega dos livros no Brasil.

Velocidade de Entrega	Custo por Remessa (US$)	Custo por item enviado (US$)		
		1 a 9	10 a 49	> 50
Standard – 32 dias úteis	4,99	2,99	2,50	2,00
Expedited – 20 dias úteis	13,99	4,19	3,50	2,80
Priority – 4 dias úteis	29,99	4,19	3,50	2,80

abela 5.3 - Custo de remessa para o Brasil

A tabela completa e atualizada com os custos de remessa para todos os demais países pode ser consultada no endereço http://goo.gl/wgvjK.

Uma forma rápida de simular o custo de entrega de um livro é utilizar a ferramenta "Order Shipping Calculator" disponível no endereço http://goo.gl/gXuSS.

Para utilizar a calculadora basta informar a quantidade de livros que vai enviar e escolher o país de destino.

A figura 5.2 abaixo mostra a simulação de envio de 1 livro para o Brasil.

Figura 5.2 - Order Shipping Calculator

Qual o percentual de royalty pago pela CreateSpace?

O valor que você irá receber de royalties por cada livro que vender através da CreateSpace irá depender do custo de produção do seu livro e do canal de distribuição pelo qual ele foi vendido. O valor do seu royalty é definido como sendo:

Royalty = Preço de Venda – % de Participação do Canal – Custo de Produção

Na qual o percentual de participação do canal de venda irá variar conforme a tabela 5.4 abaixo.

Percentual de participação do canal de venda	
Distribuição Padrão – Amazon.com	40%
Distribuição Padrão – Amazon Europa	40%
Distribuição Padrão – Loja própria da CreateSpace	20%
Distribuição Expandida	60%

Tabela 5.4 - Percentual de participação do canal de venda

A distribuição expandida é opcional e engloba todas as demais livrarias que comercializam livros do catálogo da CreateSpace, atualmente (Janeiro/2014) o acesso a este canal de distribuição é gratuito para todos os autores, mas no passado era necessário pagar uma taxa de setup de US$ 25,00 para cada livro publicado, e ele pode voltar a ser cobrado no futuro.

Exemplo de cálculo de royalty

Se um livro for comercializado através da Amazon.com pelo valor de US$ 8,90, o canal terá direito a uma participação de 40%, que equivale US$ 3,56.

Se for um livro de 200 páginas em preto e branco, ele terá um custo de produção de US$ 3,25, como vimos anteriormente.

Se subtrairmos estes custos do preço de venda, iremos obter o valor de US$ 2,09, este valor é royalty que você irá receber pela venda do livro.

A CreateSpace disponibiliza uma Calculadora de Royalties para que você possa simular vários preços de venda, de forma a decidir qual é o melhor preço de venda para o seu livro.

A calculadora está disponível no endereço http://goo.gl/R0FJE, e o seu uso é bastante simples. Basta informar o tipo de interior, o número e a dimensão das páginas, o preço de venda e depois clicar no botão "Calculate" para calcular o valor esperado de royalty para a venda do seu livro em cada um dos canais de distribuição.

A figura 5.3 abaixo mostra a simulação para o mesmo exemplo acima.

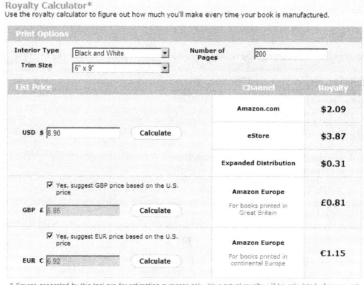

Figura 5.3 - Calculadora de Royalties

Como os valores de royalties são pagos?

A única opção disponível para recebimento de royalties por autores brasileiros é através do recebimento de um cheque pelo correio.

O valor mínimo para emissão de um cheque é de 100 dólares, seus pagamentos ficarão retidos até que você acumule este montante em royalties à receber.

A CreateSpace é obrigada a recolher 30% de imposto de renda para governo dos EUA sobre os royalties que ela vier a lhe pagar, você será responsável pelo recolhimento do imposto de renda ao governo brasileiro sobre o valor liquido que for recebido por meio dos cheques.

CAPÍTULO 6

CRIANDO A SUA CONTA NA CREATESPACE

Agora que o interior do seu livro já está formatado de acordo com as especificações requeridas pela CreateSpace e que você já sabe um pouco mais sobre a forma como ela trabalha , chegou a hora de proceder com a publicação do seu livro.O primeiro passo deste consiste na criação da sua conta na plataforma de publicação, para isto você deverá acessar o website da CreateSpace no endereço **http://www.createspace.com** , utilizando o navegador de sua preferência.

Ao acessar a página inicial da CreateSpace você irá visualizar o formulário exibido na figura 6.1, ele estará localizado canto superior direito da sua tela.

Figura 6.1 - Início do processo de cadastro

Você deverá clicar no botão "Sign Up" para dar início ao processo de cadastramento. Ao clicar neste botão você irá visualizar a tela da figura 6.2.

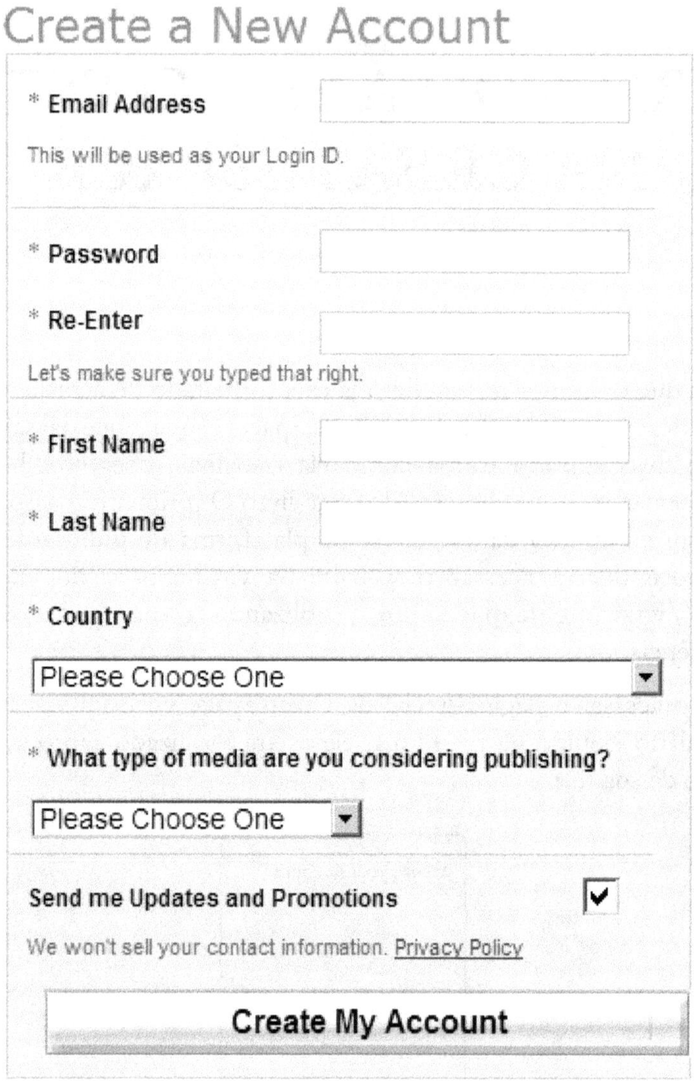

Create a New Account

* **Email Address**

This will be used as your Login ID.

* **Password**

* **Re-Enter**

Let's make sure you typed that right.

* **First Name**

* **Last Name**

* **Country**

Please Choose One ▼

* **What type of media are you considering publishing?**

Please Choose One ▼

Send me Updates and Promotions ☑

We won't sell your contact information. Privacy Policy

Create My Account

Figura 6.2 - Formulário de cadastro

Nesta tela basta informar o seu e-mail, escolher e confirmar a senha que deseja utilizar para a sua conta, entrar com seu nome e sobrenome, escolher o país no qual você mora e por fim informar o tipo de material que planeja publicar.

Depois que preencher todos os campos basta clicar no botão "Create My Account" para prosseguir com a criação da sua conta.

Na sequência você irá visualizar o "Services Agreement" (contrato de serviço) da CreateSpace, como mostrado na figura 6.3.

Figura 6.3 - Termo de uso da plataforma da CreateSpace

Você deverá aceitar este contrato para poder ter acesso a plataforma de publicação, se você não aceitar o contrato a sua conta não será criada. Para aceitar o contrato basta marcar a opção "I agree to all terms and conditions of this Membership Agreement and agree to comply with them at all times." e clicar no botão "Continue" para criar a sua conta.

Ativando a sua conta na plataforma

Para que você possa iniciar o uso da sua conta, você deverá primeiro ativá-la, validando que é o proprietário do e-mail informado no formulário inicial.

A confirmação poderá ser feita através da digitação manual de um código que você vai receber por e-mail ou através de um clique em um link informado neste mesmo e-mail.

A tela para digitação manual do código pode ser vista na figura 6.4.

Figura 6.4 - Tela de validação do seu e-mail

Para validar o seu e-mail você deverá digitar o código de verificação que foi enviado para o seu e-mail no campo "Enter and verify the confirmation code" e depois clicar no botão "Submit".

Na figura 6.5 abaixo você pode visualizar um exemplo do conteúdo deste e-mail, neste exemplo o código de confirmação manual era "AZgf".

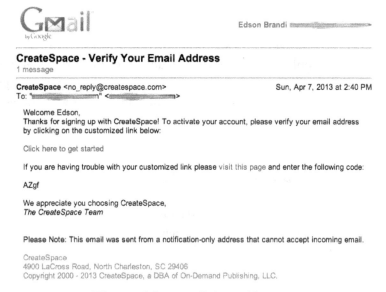

Figura 6.5 - Email de verificação

Você também poderá optar por clicar no link "Click here to get started" para confirmar o seu e-mail e ativar a sua conta.

Ao validar o seu e-mail você será redirecionado para uma tela de boas vindas, como a mostrada na figura 6.6 abaixo.

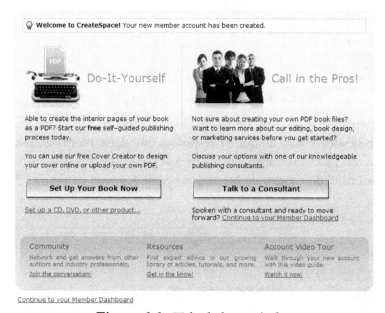

Figura 6.6 - Tela de boas vindas

A partir desta tela você já poderia iniciar o processo de setup do seu livro para impressão, clicando no botão "Set Up Your Book Now", porém recomendo que você prossiga primeiro para a tela principal da plataforma para que possamos finalizar o processo de configuração da sua conta primeiro, desta forma clique no link "Continue to your Member Dashboard".

Ao fazer isso você irá visualizar uma tela como a exibida na figura 6.7 abaixo.

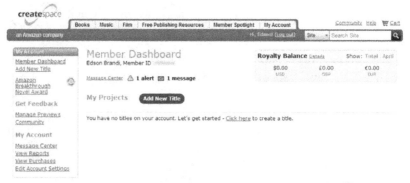

Figura 6.7 - Página principal da plataforma

Repare que no topo desta tela, logo abaixo do seu nome, existirá um indicador visual de que você possui um alerta e uma mensagem. Clique no link "Message Center" para ir para o centro de mensagens. A tela inicial do Centro de Mensagens pode ser vista na figura 6.8.

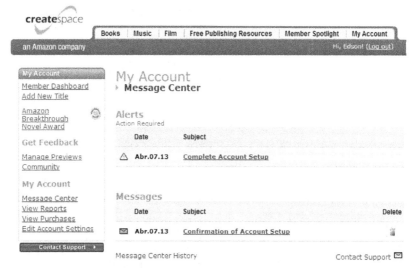

Figura 6.8 - Centro de mensagens

Através desta área que você poderá acompanhar todas as mensagens que a CreateSpace lhe enviar no futuro.

Na parte inferior da tela você irá visualizar mensagens informativas enviadas pela equipe da CreateSpace, a mensagem inicial que você recebeu é uma mensagem de boas vindas confirmando a criação da sua conta no sistema.

114

Na parte superior da tela você irá visualizar alertas da plataforma para a sua conta, os alertas normalmente requerem que você execute alguma ação. No caso do alerta inicial, trata-se de uma orientação para que você cadastre a sua opção de recebimento dos seus futuros royalties (sua remuneração pela venda do seu livro), você não poderá iniciar a comercialização do seu livro enquanto não realizar essa configuração.

A figura 6.9 abaixo mostra o conteúdo padrão deste alerta.

Figura 6.9 - Mensagem inicial de alerta

Para prosseguir para a área de configuração de royalties da sua conta, basta clicar no link "Start fixing this issue". Todas as mensagens de alerta terá um link destes.

Configurando suas opções de recebimento de royalties

A primeira configuração que você irá realizar na plataforma da CreateSpace será referente as suas opções de recebimento de royalties.

Você poderá acessar a área de configuração de royalties clicando no link "Start fixing this issue" conforme sugerido no final da sessão anterior ou então através do item "Account Settings" existente no menu lateral esquerdo.

A primeira parte do formulário de configuração de Royalties pode ser visto na figura 6.10 abaixo.

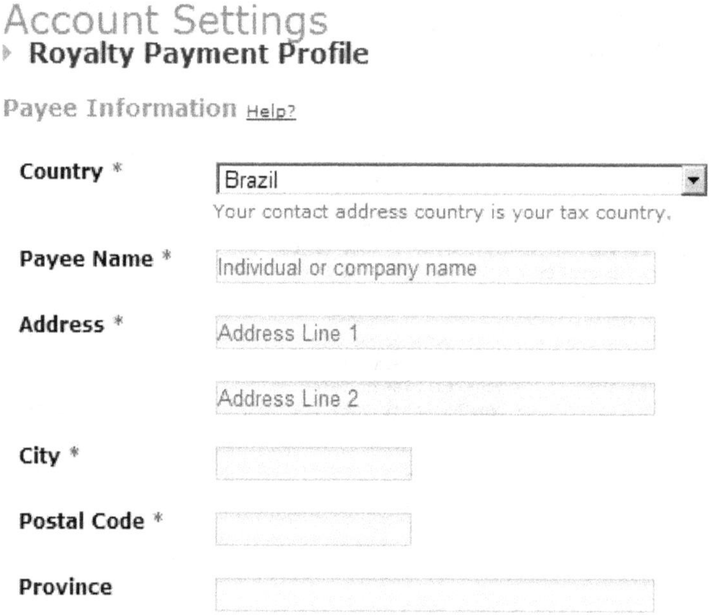

Figura 6.10 - Informações pessoais do autor

Nesta parte do formulário você deverá informar o pais no qual você reside, seu nome completo e seu endereço de correspondência. Em seguida você deverá escolher como deseja receber seu pagamento, as opções disponíveis podem ser vistas na figura 6.11.

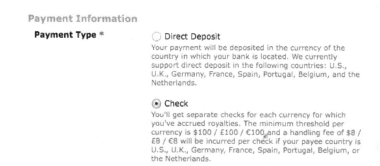

Figura 6.11 - Opções para recebimento dos royalties

Se você mora no Brasil, a única opção disponível para recebimento dos seus royalties será por meio do envio de cheques para o seu endereço de correspondência. Desta forma selecione a opção "Check". A última parte do formulário pode ser vista na figura 6.12.

Tax & Business Information

CreateSpace requires all publishers provide valid taxpayer identification information. Tax withholding and specific requirements vary based on whether you are a U.S. person or non-U.S. person. For more information, visit our Help page.

US Tax Information

Tax Reporting Name *

The Tax Reporting Name is the legal name associated with your Tax Identification Number (TIN).

Tax Identification Number
What's this?

Please input your US Tax Identification Number (TIN) using one of the following formats (XX-XXXXXXX or XXX-XX-XXXX). A U.S. TIN is a U.S. Tax Identification Number, U.S. Social Security Number or U.S. Employer Identification Number.

Business Type *

Individual

European Union (EU) Tax Information

LUX VAT Registration Number
What's this?

Figura 6.12 - Informações para recolhimento do imposto de renda americano

Nesta parte do formulário você deverá informar o seu nome completo no campo "Tax Reporting Name" e deverá selecionar a opção "Individual" no campo "Business Type". Os demais devem ser deixados em branco. Para finalizar a configuração clique no botão "Save".

Ao clicar neste botão você irá visualizar uma tela com um resumo dos dados que você inseriu, como a exibida na figura 6.13 abaixo.

Figura 6.13 - Revisão dos dados referentes ao recebimento de royalties

Se precisar efetuar alguma correção basta clicar no botão "Edit" para voltar para a tela anterior, se estiver tudo correto, clique no link "Return to Account Settings" para ir para a página geral de configurações da sua conta.

A tela da página geral de configurações pode ser vista na figura 6.14.

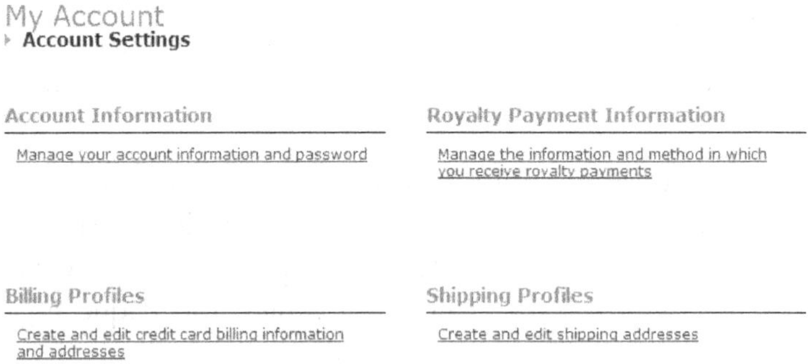

My Account
▸ **Account Settings**

Account Information

Manage your account information and password

Royalty Payment Information

Manage the information and method in which you receive royalty payments

Billing Profiles

Create and edit credit card billing information and addresses

Shipping Profiles

Create and edit shipping addresses

Figura 6.14 - Configurações da sua conta

O próximo passo será completar o seu cadastro com as suas informações pessoais.

Configurando seus dados pessoais

Para iniciar a configuração dos seus dados pessoais clique no link "Manage your account information and password" exibido na figura 6.14.

A primeira parte do formulário de configuração das suas informações pessoais pode ser visualizada na figura 6.15.

Figura 6.15 - Dados pessoais

A menos que você deseje alterar a sua senha de acesso, você não precisará editar nenhum dos campos desta parte do formulário. A próxima parte do formulário pode ser vista na figura 6.16 abaixo.

Contact Information

Phone Number

Country Code   `1`

Note: The country code is a phone number prefix that is only needed for phone numbers outside the U.S. and Canada.

Company

Title

Member Category   `Please Choose One ▼`

* **Address Line 1**

Address Line 2

* **City**

For US military postal addresses enter either APO or FPO. DPO addresses are also welcome.

* **State**   `Please Choose One ▼`

This field is required for US addresses only. For US military postal addresses select AA, AE, or AP from the dropdown list.

Province / Region

Enter province or region for addresses outside the US.

* **Zip / Postal Code**

Enter zip code for US addresses or international postal code for addresses outside the US.

Website   `http://`

Figura 6.16 - Informações de contato

Neste formulário você deverá informar o seu telefone de contato (Phone Number) com o código do país (o código para o Brasil é 55), seu endereço de correspondência (Address Line 1 e Address Line 2), sua cidade, seu estado (Province/Region), seu CEP (Zip/Postal Code). Os demais campos podem ser deixados em branco.

A última parte do formulário exibida na figura 6.17 é referente às suas preferências de e-mail.

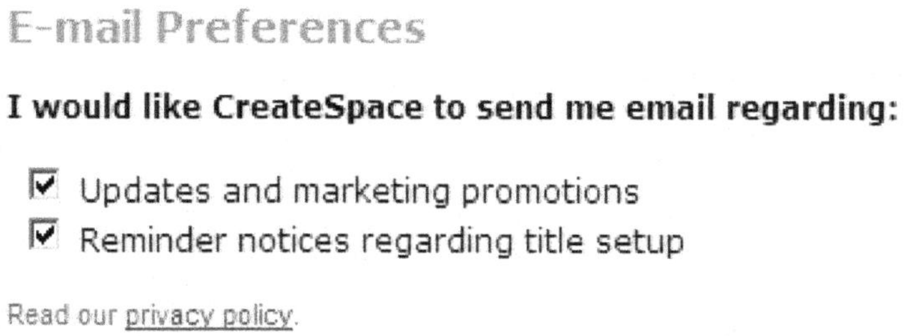

E-mail Preferences

I would like CreateSpace to send me email regarding:

☑ Updates and marketing promotions
☑ Reminder notices regarding title setup

Read our privacy policy.

Figura 6.17 - Preferências de e-mail

Você deve aceitar as opções padrões se quiser receber e-mails da CreateSpace.

Depois que entrar com todas as informações solicitadas pelo formulário, clique no botão "Save" para salvar a sua configuração e voltar para a tela anterior.

O próximo passo será a configuração do seu perfil de faturamento.

Configurando seu perfil de faturamento

O perfil de faturamento (Billing profile) será necessário no futuro caso você opte por contratar algum serviço ou por comprar algum produto da CreateSpace, como por exemplo uma versão impressa da prova do seu livro.

Para iniciar a configuração do seu perfil, clique no link "Create and edit credit card billing information and address" na tela exibida na figura 6.14.

Ao clicar neste link você irá visualizar a tela exibida na figura 6.18.

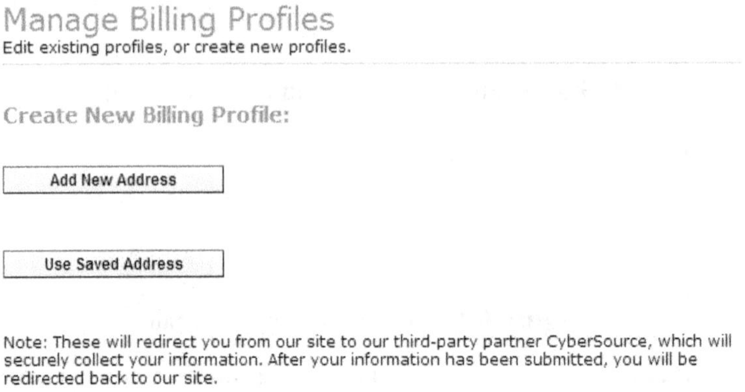
Manage Billing Profiles
Edit existing profiles, or create new profiles.
Create New Billing Profile:
Add New Address
Use Saved Address
Note: These will redirect you from our site to our third-party partner CyberSource, which will securely collect your information. After your information has been submitted, you will be redirected back to our site.

Figura 6.18 - Gerenciamento do perfil de faturamento

Para criar o seu perfil clique no botão "Add New Address". Ao fazê-lo você irá visualizar o formulário exibido na figura 6.19.

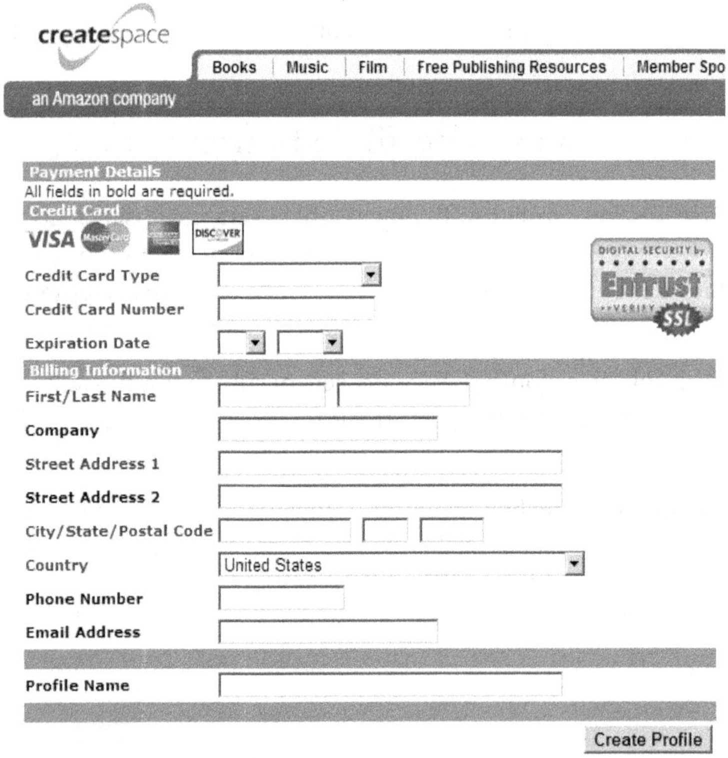
createspace
an Amazon company
Books
Music
Film
Free Publishing Resources
Member Spo
Payment Details
All fields in bold are required.
Credit Card
VISA
DISCOVER
Credit Card Type
Credit Card Number
Expiration Date
Entrust
SSL
Billing Information
First/Last Name
Company
Street Address 1
Street Address 2
City/State/Postal Code
Country
United States
Phone Number
Email Address
Profile Name
Create Profile

Figura 6.19 - Criando um perfil de faturamento

Preencha o formulário acima com os dados do seu cartão de crédito internacional, com o endereço de cobrança associado ao mesmo, informe seu telefone de contato incluindo o código de país, entre com o seu e-mail e por fim escolha um nome para o seu perfil de faturamento. Para finalizar clique no botão "Create Profile", você será redirecionado para a tela anterior na qual você irá visualizar o perfil que acabou de criar, como mostrado na figura 6.20.

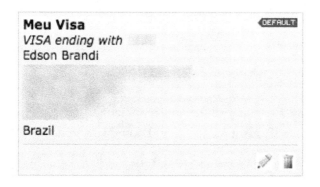

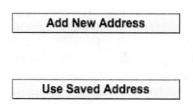

Figura 6.20 - Lista dos perfis de faturamento disponíveis

Para retornar para a tela de configuração da sua conta, você deverá utilizar o link "Edit Account Settings" que existe no menu lateral esquerdo, indicado na figura 6.21.

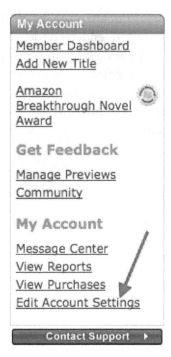

Figura 6.21 - Menu Lateral Esquerdo

O próximo passo será a criação do seu Perfil de Frete (Shipping Profiles)

Configurando seu perfil de Frete

O perfil de Frete será utilizado sempre que você efetuar a compra de um livro físico diretamente com a CreateSpace.

Para criá-lo clique no link "Create and edit shipping address" na tela exibida na figura 6.14. Você será direcionado para o formulário exibido na figura 6.22.

Add a new shipping profile

* First Name	
* Last Name	
Company	
* Shipping Address	
Address Line 2	
* City	

Note: For US military postal addresses enter either APO or FPO. DPO addresses are also welcome.

* State	Please choose a state ▾

Note: This field is required for US addresses only. For US military postal addresses select AA, AE, or AP from the dropdown list.

Province/Region	

Note: Enter optional province or region for addresses outside the US.

* Zip/Postal Code	

Note: Enter zip code for US addresses or international postal code for addresses outside the US.

* Country	Brazil ▾
Phone Number	
Phone Country Code	55

Note: The country code is a phone number prefix that is only needed for phone numbers outside the U.S. and Canada.

Name this Profile	

e.g. Home, Business Office

Use as Default	☐

Figura 6.22 - Criando um perfil de frete

Preencha o formulário com as suas informações, escolha um nome para o perfil e informe se deseja usar este endereço como padrão (Use as default). Para finalizar clique no botão "Save Profile", você será redirecionado para a tela anterior na qual você irá visualizar o perfil que acabou de criar, como na figura 6.23.

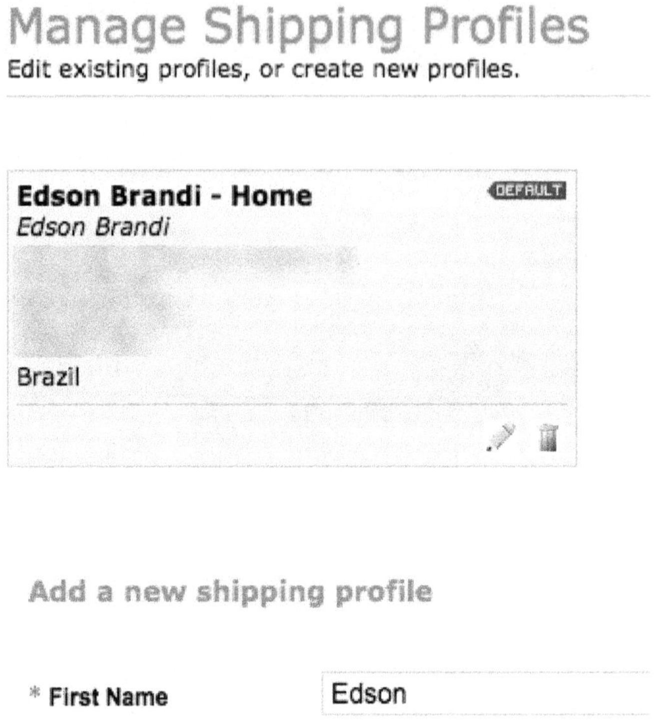

Manage Shipping Profiles
Edit existing profiles, or create new profiles.

Edson Brandi - Home   `DEFAULT`
Edson Brandi

Brazil

Add a new shipping profile

* **First Name**   Edson

Figura 6.23 - Listando os perfis de frete disponíveis

A criação do seu perfil de frete conclui o processo de configuração da sua conta que é realizado diretamente na plataforma da CreateSpace, para retornar para a tela principal, clique no link "Member Dashboard" no menu lateral esquerdo, exibido na figura 6.21.

A última tarefa relacionada a configuração da sua conta diz respeito ao envio da documentação necessária para o recolhimento de impostos pela CreateSpace eu seu nome perante o governo dos Estados Unidos da América.

Preparando o formulário IRS W-8BEN

Todos os autores que publicam e vendem seus livros através da CreateSpace e que não são nativos e residentes dos Estados Unidos da América estão sujeitos a retenção de 30% dos seus royalties a título de imposto de renda para o governo dos EUA, caso seu país de residência tenha um acordo de bi tributação com os EUA o imposto retido será menor.

Os países que possuem acordos de bitributação estão listados nas páginas 40 à 42 do documento 515 publicado pelo IRS, o qual está disponível no endereço http://www.irs.gov/pub/irs-pdf/p515.pdf, para saber qual o % de imposto que será retido consulte a coluna "copyrights".

Infelizmente o Brasil não tem um acordo com os EUA e a retenção no pagamento de royalties para os autores brasileiros é de 30%, observe que o fato de você pagar imposto de renda ao governo americano devido a venda dos seus livros não o isenta da obrigação de também recolher imposto de renda ao governo do Brasil.

Você deverá recolher normalmente o imposto de renda sobre o valor que receber da CreateSpace, esta bitributação faz com que a carga tributária total sobre os seus royalties possa chegar a 49,25% do valor bruto dos seus royalties, caso a sua renda o enquadre na alíquota de 27,5% do IRPF Brasileiro.

Para que a CreateSpace possa recolher impostos em seu nome ela precisará receber de você uma cópia preenchida e assinada do formulário W-8BEN do IRS, o formulário em branco pode ser obtido no endereço http://www.irs.gov/pub/irs-pdf/fw8ben.pdf

Você deverá imprimir uma cópia do formulário e preenche-lo com letra de forma legível e sem rasuras.

- O campo 1 do formulário deverá ser preenchido com seu nome completo;

- O campo 2 deve ser deixado em branco, pois você realizou seu cadastro na CreateSpace como indivíduo e não como empresa;

- No campo 3 você deverá marcar com um X a opção "Individual";

- A primeira linha do campo 4 deve ser preenchido com o seu endereço de correspondência (Nome da rua, Número da casa ou Número do Prédio e Apartamento e Nome do bairro), a segunda linha deve ser preenchida com o nome da sua cidade, sigla do seu estado, seu CEP e por último o nome por extenso do seu país;

- Os campos de 5 a 11 devem permanecer em branco;

- No final do formulário existe um local para você assinar, para colocar a data da assinatura, o último campo deve ser preenchido com a palavra "Self", uma vez que você está agindo em seu próprio nome.

Para que a CreateSpace possa processar o seu formulário você deverá escrever o número do seu ID de usuário na margem superior direita do formulário. O seu ID de usuário (Member ID) é um numero de 7 dígitos o qual é exibido no topo do seu Dashboard (figura 6.7), logo na frente do seu nome.

A figura 6.24 mostra um exemplo de como o formulário deve ser preenchido por um autor individual e que é natural de um país que não possui um acordo de bitributação com os EUA.

Depois que você tiver preenchido e assinado o formulário, o mesmo deverá ser encaminhado por meio de carta registrada e com aviso de recebimento para o seguinte endereço da CreateSpace:

CreateSpace
c/o AP Tax
PO Box 80683
Seattle, WA 98108-0683

Uma carta normal pode levar semanas para chegar até a CreateSpace, você receberá um e-mail quando o seu formulário tiver sido processado. Os formulários que forem recebidos por eles até o dia 10 de cada mês serão processados e válidos para pagamentos de royalties dentro do mesmo mês. Os formulários que forem recebidos após o dia 10 de cada mês serão válidos para os pagamentos a partir do mês seguinte. Observe que você ficará com os seus pagamentos retidos até que o seu formulário seja recebido e processado, isso ocorrerá mesmo que você já tenha acumulado o valor mínimo de 100 dólares necessário para emissão de um pagamento por cheque.

O processamento do seu formulário conclui o processo de configuração da sua conta na plataforma de publicação da CreateSpace.

Form **W-8BEN**	**Certificate of Foreign Status of Beneficial Owner for United States Tax Withholding**	
(Rev. February 2006)	► Section references are to the Internal Revenue Code. ► See separate instructions.	OMB No. 1545-1621
Department of the Treasury Internal Revenue Service	► Give this form to the withholding agent or payer. Do not send to the IRS.	

Do not use this form for: Instead, use Form:
- A U.S. citizen or other U.S. person, including a resident alien individual W-9
- A person claiming that income is effectively connected W-8ECI
  of a trade or b
- A foreign partr *Example Form* __3 for exceptions) . . . . . W-8ECI or W-8IMY
- A foreign gove tax-exempt organization,
  foreign private ly connected income or that is
  claiming the ag ....tions) . . . . W-8ECI or W-8EXP

Note: These entities should use Form W-8BEN if they are claiming treaty benefits or are providing the form only to claim they are a foreign person exempt from backup withholding.
- A person acting as an intermediary W-8IMY

Note: See instructions for additional exceptions.

Part I   Identification of Beneficial Owner (See instructions.)

1	Name of individual or organization that is the beneficial owner	2	Country of incorporation or organization
	John Smith		

3 Type of beneficial owner: ☒ Individual   ☐ Corporation   ☐ Disregarded entity   ☐ Partnership   ☐ Simple trust
☐ Grantor trust   ☐ Complex trust   ☐ Estate   ☐ Government   ☐ International organization
☐ Central bank of issue   ☐ Tax-exempt organization   ☐ Private foundation

4 Permanent residence address (street, apt. or suite no., or rural route). Do not use a P.O. box or in-care-of address.
1400 Fake Street

City or town, state or province. Include postal code where appropriate.	Country (do not abbreviate)
London EC1Y 8SY	United Kingdom

5 Mailing address (if different from above)

City or town, state or province. Include postal code where appropriate.	Country (do not abbreviate)

6 U.S. taxpayer identification number, if required (see instructions)   7 Foreign tax identifying number, if any (optional)
☐ SSN or ITIN   ☐ EIN

8 Reference number(s) (see instructions)

Part II   Claim of Tax Treaty Benefits (if applicable)

9 I certify that (check all that apply):
a ☐ The beneficial owner is a resident of ....within the meaning of the income tax treaty between the United States and that country.
b ☐ If required, the U.S. taxpayer identification number is stated on line 6 (see instructions).
c ☐ The beneficial owner is not an individual, derives the item (or items) of income for which the treaty benefits are claimed, and, if applicable, meets the requirements of the treaty provision dealing with limitation on benefits (see instructions).
d ☐ The beneficial owner is not an individual, is claiming treaty benefits for dividends received from a foreign corporation or interest from a U.S. trade or business of a foreign corporation, and meets qualified resident status (see instructions).
e ☐ The beneficial owner is related to the person obligated to pay the income within the meaning of section 267(b) or 707(b), and will file Form 8833 if the amount subject to withholding received during a calendar year exceeds, in the aggregate, $500,000.

10 Special rates and conditions (if applicable—see instructions): The beneficial owner is claiming the provisions of Article .... of the treaty identified on line 9a above to claim a .... % rate of withholding on (specify type of income): ....
Explain the reasons the beneficial owner meets the terms of the treaty article: ....
....

Part III   Notional Principal Contracts

11 ☐ I have provided or will provide a statement that identifies those notional principal contracts from which the income is not effectively connected with the conduct of a trade or business in the United States. I agree to update this statement as required.

Part IV   Certification

Under penalties of perjury, I declare that I have examined the information on this form and to the best of my knowledge and belief it is true, correct, and complete. I further certify under penalties of perjury that:
1 I am the beneficial owner (or am authorized to sign for the beneficial owner) of all the income to which this form relates,
2 The beneficial owner is not a U.S. person,
3 The income to which this form relates is (a) not effectively connected with the conduct of a trade or business in the United States, (b) effectively connected but is not subject to tax under an income tax treaty, or (c) the partner's share of a partnership's effectively connected income, and
4 For broker transactions or barter exchanges, the beneficial owner is an exempt foreign person as defined in the instructions.
Furthermore, I authorize this form to be provided to any withholding agent that has control, receipt, or custody of the income of which I am the beneficial owner or any withholding agent that can disburse or make payments of the income of which I am the beneficial owner.

Sign Here ►   [signature]   1/1/2013   Self
            Signature of beneficial owner (or individual authorized to sign for beneficial owner)   Date (MM-DD-YYYY)   Capacity in which acting

For Paperwork Reduction Act Notice, see separate instructions.   Cat. No. 25047Z   Form **W-8BEN** (Rev. 2-2006)
⊕ Printed on Recycled Paper

Figura 6.24- Exemplo de formulário W-8BEN preenchido

CAPÍTULO 7

COMO PUBLICAR SEU LIVRO PELA CREATESPACE

O ponto de partida para o processo de publicação do seu livro será o seu Dashboard (tela principal da plataforma), exibido na figura 7.1.

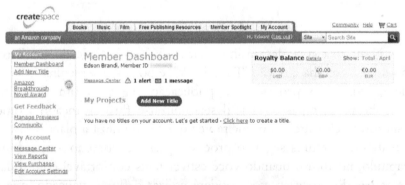

Figura 7.1 - Member Dashboard

Criando um novo projeto

Para iniciar o processo de publicação do seu livro você deverá criar um novo projeto para ele, você irá precisar de um projeto para cada livro que desejar publicar pela plataforma da CreateSpace.

Para criar um novo projeto para o seu livro clique no botão "Add New Title" que aparece na figura 7.1, a tela inicial do processo de publicação pode ser vista na figura 7.2 abaixo:

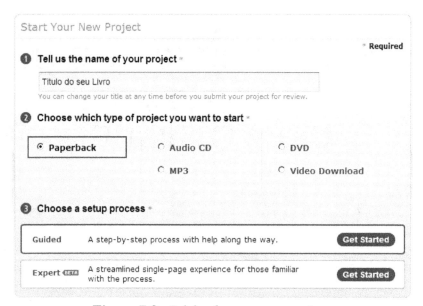

Figura 7.2 - Iniciando um novo projeto

Nesta tela você deverá informar no item 1 o título do seu livro, no item 2 escolha a opção "Paperback", e por último escolha se você deseja iniciar o processo de publicação seguindo um fluxo de trabalho passo a passo ou se deseja utilizar o fluxo avançado. Como esta provavelmente é a primeira vez que você utiliza a plataforma da CreateSpace iremos seguir o processo passo a passo ao longo deste capítulo, no futuro quando você estiver mais confortável com todas as etapas do processo, você poderá utilizar o fluxo avançado, que é mais rápido.

Configurando as informações básicas do seu livro

Para iniciarmos a configuração do seu livro clique no botão "Get Started" da opção "Guided" na figura 7.2 acima.

Ao fazê-lo você irá visualizar a tela exibida na figura 7.3.

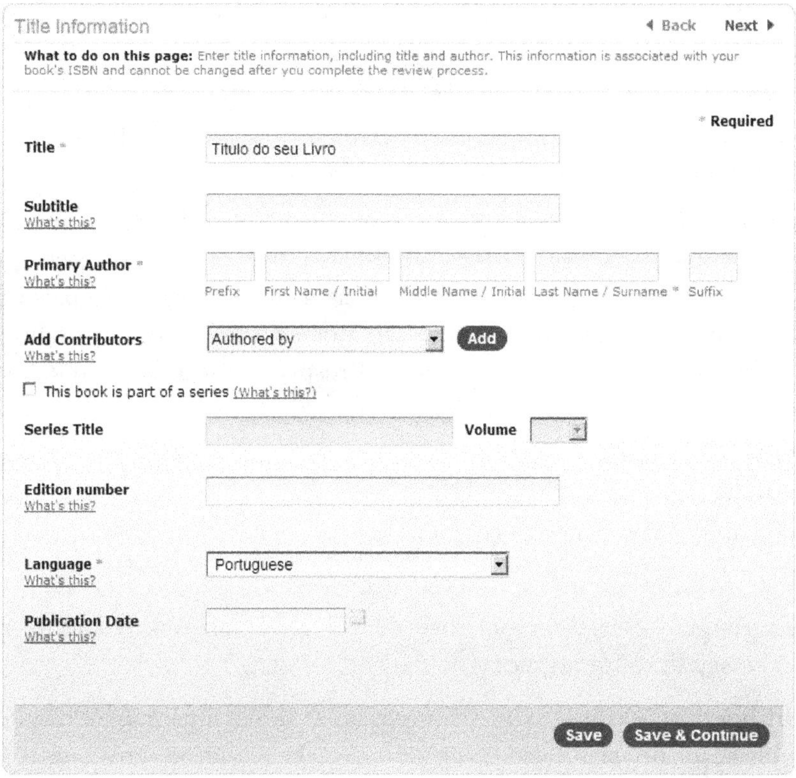

Title Information   ◀ Back   Next ▶

What to do on this page: Enter title information, including title and author. This information is associated with your book's ISBN and cannot be changed after you complete the review process.

* Required

Title *   Título do seu Livro

Subtitle
What's this?

Primary Author *
What's this?   Prefix   First Name / Initial   Middle Name / Initial   Last Name / Surname *   Suffix

Add Contributors   Authored by ▼   **Add**
What's this?

☐ This book is part of a series (What's this?)

Series Title   Volume

Edition number
What's this?

Language *   Portuguese ▼
What's this?

Publication Date
What's this?

Save   **Save & Continue**

Figura 7.3 - Informações básicas sobre o seu livro

Nesta etapa do processo você deverá informar algumas informações básicas sobre o seu livro:

Title - Neste campo você deverá informar o título do seu livro;

Subtitle - Neste campo você deverá informar o subtítulo do seu livro no caso dele possuir um. Este subtítulo poderá ter até 255 caracteres e será exibido na eStore da CreateSpace e na página de detalhes do seu livro no site da Amazon.com. Se você já estiver comercializando seu livro em formato eletrônico na loja da Amazon o título e o subtítulo informados nesta página deverão ser digitados da mesma forma como você os cadastrou na plataforma de publicação do Kindle (KDP, Kindle Direct Publish), caso contrário a Amazon não irá conseguir associar os 2 formatos do livro de forma automática;

Primary Author - Neste campo você deverá entrar com o seu nome e sobrenome;

133

Add Contributors - Caso a sua obra possua outros colaboradores, clique no campo que está exibindo "Authored by" para selecionar a função do outro colaborador e depois clique no botão "Add" para inserir um campo para ele no formulário. Depois basta preencher o campo que vai ser criado com o nome da pessoa;

Series Title - Para habilitar este campo você deverá marcar a opção "This book is part of a series" que existe logo acima deste campo. Você deverá habilitar esta opção apenas se o seu livro fizer parte de uma série de livros interconectados. Você deverá inserir o título da coleção e escolher qual o volume respectivo do livro que está publicando;

Edition Number - Neste campo você deverá informar qual a edição do livro que está sendo publicado. Se esta é a primeira vez que você publica seu livro no formato impresso, o valor deste campo deverá ser 1;

Language - Neste campo você deverá informar qual o idioma no qual o seu livro foi escrito;

Publication Date - Neste campo você pode informar a data de publicação do seu livro. Se você deixar o campo em branco a CreateSpace irá atribuir a data automaticamente, ela será equivalente a data em que você efetuar a aprovação da prova final do seu livro, liberando-o para comercialização. Se você estiver reimprimindo um livro que já foi publicado anteriormente você poderá informar a data da publicação original. Uma vez que o livro tiver sido liberado para comercialização você não poderá mais alterar esta data.

Depois de entrar com os dados básicos do seu livro, você deverá clicar no botão "Save and Continue" para prosseguir para o próximo passo.

Configurando as informações de ISBN do seu livro

Após salvar as informações básicas do seu livro você será direcionado para a etapa de configuração das informações de ISBN do seu livro, a tela inicial desta etapa pode ser vista na figura 7.4.

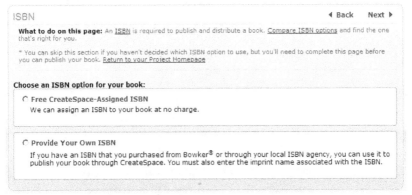

Figura 7.4 - Configurando o ISBN do livro

Nesta tela você deverá escolher uma das duas opções apresentadas. Você poderá optar por utilizar um numero de ISBN atribuído gratuitamente pela CreateSpace, ou poderá informar um número próprio caso você já tenha obtido um junto a Agência Brasileira do ISBN.

Se você optar por utilizar o código ISBN que a CreateSpace oferece gratuitamente você poderá optar por comercializar o seu livro através de todos os canais de distribuição oferecidos por ela, se você optar por utilizar um ISBN próprio alguns dos canais de distribuição podem não ficar disponíveis para você.

Optando pelo ISBN gratuito

Para optar pelo ISBN gratuito selecione a opção "Free CreateSpace-Assigned ISBN", ao fazer isso será exibida a tela da figura 7.5.

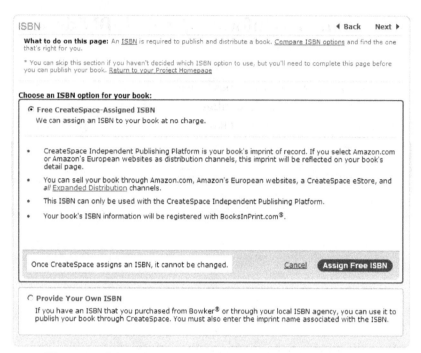

Figura 7.5 - Criando um ISBN gratuito para o seu livro

Para prosseguir para a próxima etapa basta clicar no botão "Assign Free ISBN".

Após clicar no botão "Assign Free ISBN", você irá visualizar a tela exibida pela figura 7.6.

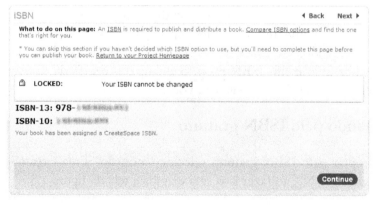

Figura 7.6 - ISBN atribuído com sucesso pela CreateSpace

Nesta tela você irá visualizar o numero de ISBN-10 e ISBN-13 atribuídos ao seu livro. Para continuar para a próxima etapa clique no botão "Continue".

Observe que uma vez que a CreateSpace tiver atribuído um ISBN para o seu livro, você não poderá mais alterá-lo.

Optando pelo uso de um ISBN próprio

Se você optar por utilizar um ISBN próprio, você deverá selecionar a opção "Provide Your Own ISBN", ao fazê-lo será exibida a tela da figura 7.7.

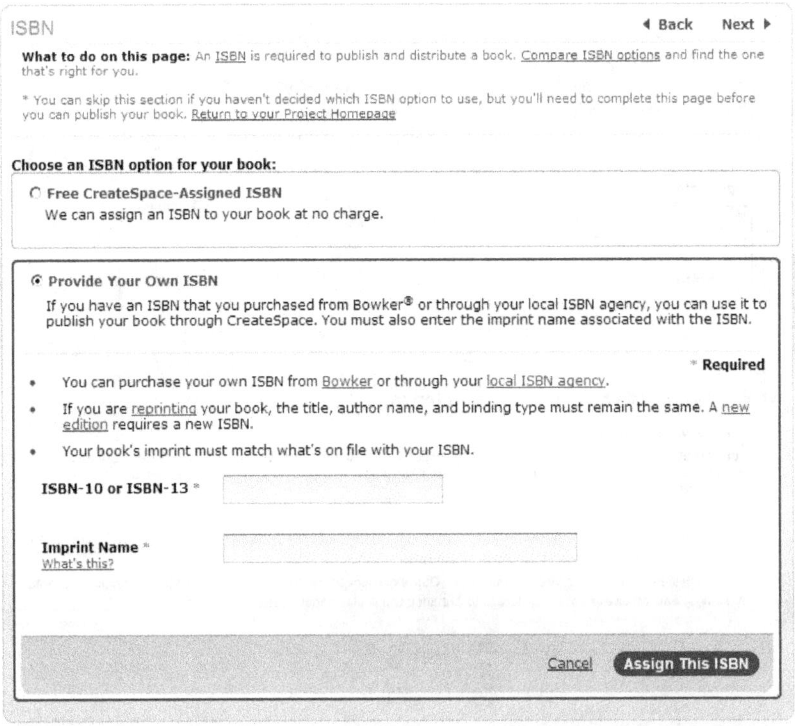

Figura 7.7 - Inserindo um número próprio de ISBN

Você deverá digitar o seu número de ISBN no campo "ISBN-10 or ISBN-13", bem como o nome de editora associado ao seu número de ISBN, no campo "Imprint Name". Para prosseguir para a próxima etapa clique no botão "Assign This ISBN".

A tela que você irá visualizar será muito semelhante à tela exibida na figura 7.6, o restante do processo de publicação a partir dela será o mesmo.

Configurando o interior do seu livro

Nesta fase do processo de publicação você irá configurar as características do interior do seu livro.

Esta configuração é realizada na tela exibida na figura 7.8.

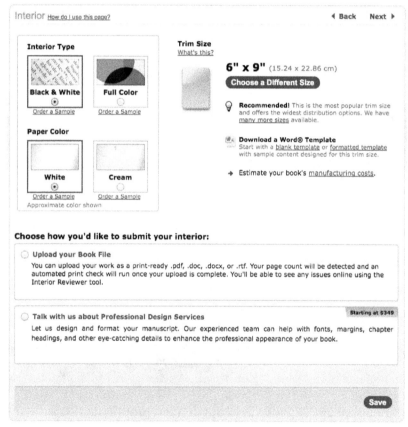

Figura 7.8 - Configurando o interior do seu livro

- No item "Interior Type" você deverá escolher se as páginas do seu livro serão impressas em Preto e Branco ou se serão impressas em cores;

- No item "Paper Color" você deverá escolher se deseja utilizar papel branco ou creme para as páginas do seu livro;

- No item "Trim Size" você deverá escolher qual o tamanho desejado para as páginas do seu livro, o tamanho deverá ser compatível com o tamanho utilizado na configuração da formatação do seu original. O tamanho oferecido por padrão pela plataforma é o 6" x 9" (15.24 x 22.86 cm), caso deseje utilizar outro tamanho clique no botão "Choose a Different Size" para visualizar uma lista com os outros tamanhos disponíveis, as opções exibidas serão diferentes dependendo do tipo de impressão que você tiver selecionado.

A figura 7.9 mostra a tela com os tamanhos de página mais comuns para livros impressos em P&B.

Figura 7.9 - Tamanhos comuns para livros em P&B

Para escolher um dos tamanhos nesta lista basta clicar nele.

Caso o tamanho desejado por você não esteja nesta lista inicial, clique no botão "More Sizes", para visualizar as demais opções, como mostrado na figura 7.10 abaixo.

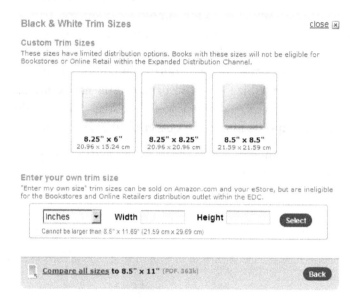

Figura 7.10 - Tamanhos menos populares para livros P&B

Nesta tela além da opção de escolher um dos tamanhos pré-definidos, você também tem a opção de escolher um tamanho customizado. O tamanho máximo de uma página customizada é de 21,59 x 29,69 cm. Para utilizar um tamanho customizado basta digitar as dimensões desejadas nos campos Width (largura) e Height (altura) e clicar no botão "Select".

As opções de tamanho disponíveis para livros com interior colorido podem ser vistas na figura 7.11.

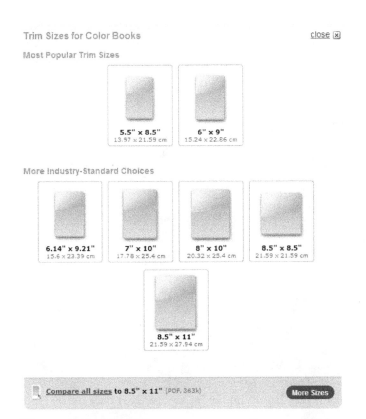

Figura 7.11 - Tamanhos comuns para livros coloridos

Caso o tamanho desejado por você não esteja nesta lista inicial, clique no botão "More Sizes", para visualizar as demais opções.

Figura 7.12 - Tamanhos menos populares para livros coloridos

Depois de escolher o tamanho desejado para as páginas do seu livro, você deverá decidir como você irá submeter o seu original.

Submetendo o seu original

O último passo na configuração do interior do seu livro é carregar o arquivo com o conteúdo propriamente dito do seu livro na plataforma.

Na parte inferior da tela exibida na figura 7.8 você irá visualizar duas opções, a primeira delas é efetuar você mesmo o upload do arquivo com o seu original já formatado e a outra é contratar os serviços profissionais da CreateSpace para que eles formatem o seu original para você.

Se você desejar utilizar os serviços profissionais da CreateSpace, basta selecionar a opção "Talk with us about Professional Design

Services", ao fazer isto você irá visualizar o formulário de contato exibido na figura 7.13 abaixo.

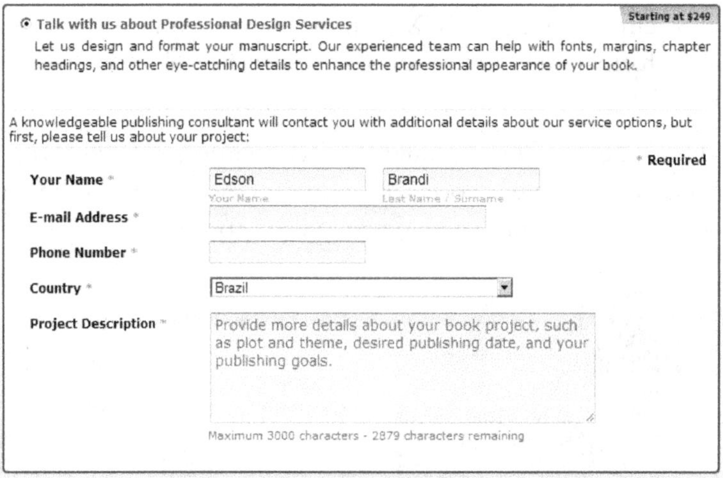

Figura 7.13 - Formulário de contato

Nesta tela você deverá entrar com as suas informações de contato (Nome, E-mail e Telefone) e com uma breve descrição sobre o seu projeto e o tipo de design que você busca para o interior do seu livro. Para prosseguir basta clicar no botão "Save" e depois é só aguardar o contato de um representante de vendas da CreateSpace.

Se você optar por efetuar o upload de um original formatado por você, basta selecionar a opção "Upload your Book File". Ao selecionar esta opção você irá visualizar a tela exibida na figura 7.14.

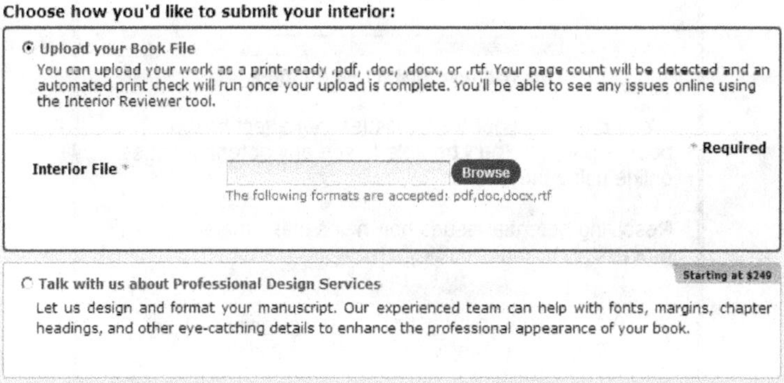

Figura 7.14 - Fazendo upload do seu original

Nesta tela você deverá clicar no botão "Browse" para escolher o arquivo que deseja enviar para a CreateSpace. Eles suportam os formatos PDF, DOC, DOCX e RTF. Eu normalmente utilizo arquivos em formato DOCX e nunca tive nenhum problema de perda de formatação, alguns autores preferem trabalhar apenas com arquivos .PDF.

Depois de escolher o arquivo que contém o seu livro formatado, clique no botão "Save". Ao fazer isso o processo de upload terá início e você irá visualizar um aviso de progresso como o exibido na figura 7.15.

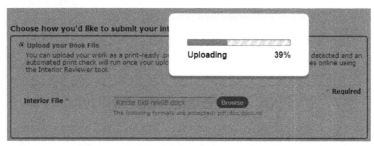

Figura 7.15 - Upload em andamento

Assim que o upload finalizar, a plataforma da CreateSpace irá iniciar um processo automático de validação do conteúdo seu arquivo, enquanto o processo estiver em execução você irá visualizar a mensagem de progresso exibida na figura 7.16 abaixo.

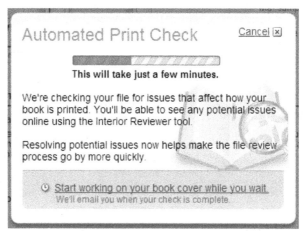

Figura 7.16 - Verificação de conteúdo em andamento

Dependendo do tamanho do seu livro este processo de verificação pode demorar alguns minutos. Quando ele finalizar você visualizar a tela exibida na figura 7.17 abaixo.

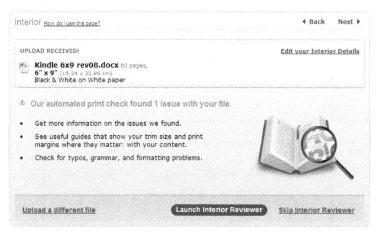

Figura 7.17 - Upload e verificação finalizada

Como pode observar na imagem acima, a rotina de verificação automática da CreateSpace está indicando que o arquivo que foi enviado tem 1 problema potencial, para verificar qual é o problema que eles identificaram é necessário iniciar a ferramenta de revisão de interior disponibilizada pela CreateSpace. Para isto, devemos clicar no botão "Launch Interior Reviewer".

A aplicação pode demorar um pouco para carregar, enquanto ela carrega você irá visualizar a mensagem de progresso da figura 7.19.

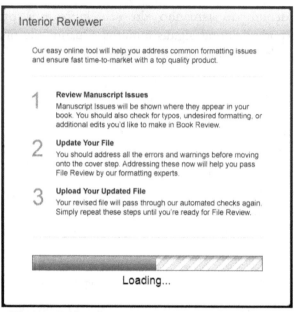

Figura 7.19 - Carregando o revisor de interior

Quando a ferramenta estiver pronta para uso você irá visualizar a tela exibida na figura 7.20.

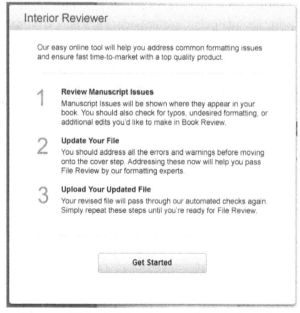

Figura 7.20 - Iniciando o revisor de interior

Para iniciar a sua revisão basta clicar no botão "Get Started". A tela inicial da ferramenta de revisão pode ser vista na figura 7.21.

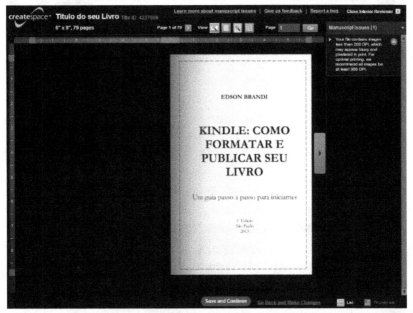

Figura 7.21 - Revisor de interior

Os erros que forem encontrados no conteúdo do seu original serão exibidos na coluna da direita do aplicativo. No caso do livro que utilizei como exemplo, o sistema está gerando um alerta de que existem imagens no livro que possuem resolução inferior ao mínimo recomendado, de 200 DPIs. O aplicativo informa ainda que o recomendado é trabalhar com imagens de 300 DPIs.

Você pode navegar pelo livro clicando no botão que existe ao lado das paginas, como mostrado na figura 7.22.

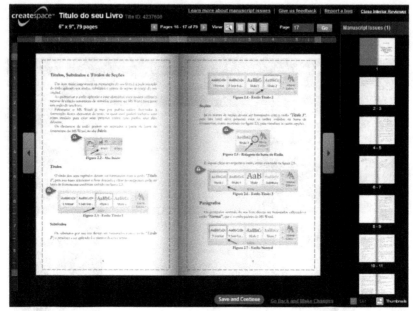

Figura 7.22 - Navegando pelo interior do livro

Como pode ver na figura acima, o revisor está indicando todas as imagens do meu arquivo que possuem resolução abaixo da recomendada.

Navegue pelas paginas do seu livro e tome nota de todos os erros de conteúdo e de formatação que encontrar, pois você terá que corrigi-los para que possamos prosseguir.

O sistema de revisão automática considera alguns erros mais graves que outros, se o sistema detectar um erro grave no seu arquivo ele não irá exibir o botão "Save and Continue" que pode ser visto na figura 7.22. O exemplo exibido na figura 7.23 forcei um erro crítico inserindo 3 paginas em branco seguidas.

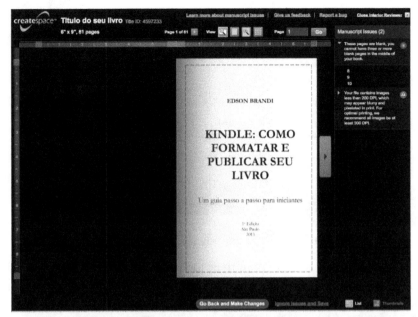

Figura 7.23 - Revisor exibindo erros graves

Observe que o botão em destaque neste caso é "Go Back and Make Changes", o sistema mantém a opção de salvar, porém agora ela é um link sem destaque chamado "Ignore Issues and Save", se você tiver erros considerados críticos no seu original, ou seja, erros cujo ícone é uma bola vermelha com um X como o exibido no topo da lateral direita da figura 7.23, recomendo que não o ignore e faça o possível para corrigi-lo antes de continuar.

Ao sair do revisor utilizando o botão "Save and Continue" ou o através do link "Ignore Issues and Save", você será levado de volta para tela a partir da qual você iniciou o revisor, porém ela agora terá a opção "Ignore Issues and Continue" ao invés da opção "Skip Interior Reviewer" que era exibida da ultima vez que você esteve nesta tela (figura 7.18), esta nova opção pode ser vista na figura 7.24.

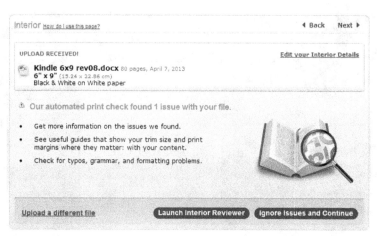

Figura 7.24 - Tela exibida após a revisão do livro

Se durante a revisão você tiver identificado algum problema com o interior do seu livro, você deverá editar o seu original para corrigi-lo.

Depois que tiver feito às correções necessárias basta clicar no link "Upload a different file" para enviá-lo novamente. O processo de reenvio é semelhante ao descrito anteriormente, a única diferença é que na tela que será exibida na sequência, mostrada na figura 7.25, você deverá clicar novamente no link "Upload a different file" que existirá logo abaixo do nome do seu arquivo anterior para que o campo de seleção do novo arquivo fique visível.

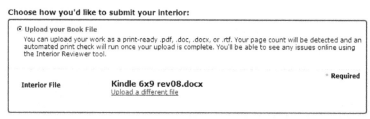

Figura 7.25 - Enviando uma nova versão do seu arquivo

Uma vez realizado o upload da nova versão do seu original o ciclo descrito anteriormente se repetirá. O arquivo será analisado de forma automática pelo sistema e você terá que revisá-lo novamente na plataforma para validar que o problema foi resolvido.

Depois que você tiver resolvido todos os problemas ou depois que tiver restado apenas algum problema que não tenha como ser solucionado, como no caso do exemplo anterior em que o problema apontado está relacionado a resolução das imagens geradas a partir de um screenshot as quais não tenho como gerar com resolução melhor, você já poderá prosseguir para a próxima etapa. Para isto basta clicar no botão "Ignore Issues and Continue" que existe na tela exibida na figura 7.24.

Configurando a capa do seu livro

A etapa seguinte à configuração do interior do seu livro é referente à configuração da capa do seu livro na plataforma.

A tela com a primeira parte desta etapa do processo pode ser vista na figura 7.26 abaixo.

Figura 7.26 - Escolhendo o acabamento da sua capa

A primeira decisão que terá que tomar é sobre o acabamento desejado para a sua capa, a CreateSpace oferece duas opções de acabamento.

Escolha a opção "Matte" se você desejar que a sua capa tenha um acabamento do tipo "Fosco" e escolha "Glossy" se desejar uma capa com acabamento do tipo "Brilhante".

A segunda decisão que você deverá tomar será em relação a como você deseja submeter a capa do seu livro. A figura 7.27 abaixo mostra as três opções disponibilizadas pela CreateSpace.

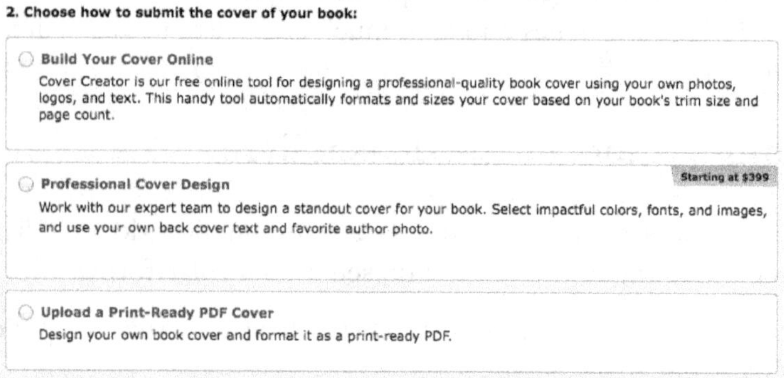

2. Choose how to submit the cover of your book:

○ **Build Your Cover Online**
Cover Creator is our free online tool for designing a professional-quality book cover using your own photos, logos, and text. This handy tool automatically formats and sizes your cover based on your book's trim size and page count.

○ **Professional Cover Design**   Starting at $399
Work with our expert team to design a standout cover for your book. Select impactful colors, fonts, and images, and use your own back cover text and favorite author photo.

○ **Upload a Print-Ready PDF Cover**
Design your own book cover and format it as a print-ready PDF.

Figura 7.27 - Opções de envio da capa do seu livro

Como pode ver as opções disponíveis são:

- Criar a sua própria capa utilizando uma ferramenta online da CreateSpace;

- Contratar os serviços profissionais da CreateSpace para criação de uma capa profissional para o seu livro;

- Efetuar o upload de um arquivo que você já tenha contendo a sua capa pronta.

Criando uma capa através da ferramenta online

A ferramenta online de criação de capas é bastante simples de ser utilizada e pode gerar ótimas capas se você estiver disposto a gastar algum tempo brincando com o editor.

Para iniciar o processo de criação online você deverá selecionar a opção "Build Your Cover Online" e depois clicar no botão "Launch Cover Creator", como mostrado na figura 7.28.

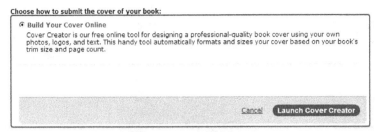

Figura 7.28 - Iniciando a ferramenta online de criação de capas

O processo de carregamento do editor poderá levar alguns minutos dependendo da velocidade do seu computador e do seu link de internet. Uma vez que o mesmo tiver terminado de carregar você irá visualizar a sua tela inicial, mostrada na figura 7.29.

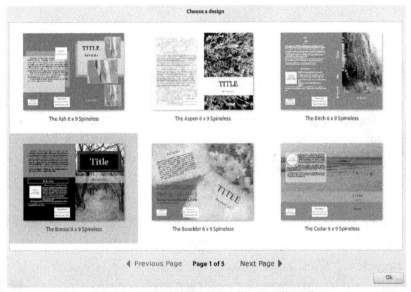

Figura 7.29 - Tela inicial do editor online de capas

Para iniciar o uso do editor você deverá escolher 1 dentre os 30 layouts de capas que a CreateSpace disponibiliza, utilize os links "Previus Page" e "Next page" para navegar entre as opções de layout.

Quando encontrar um layout que lhe agrade, basta clicar nele para selecioná-lo e depois clicar no botão "Ok" para exibir a tela inicial do editor de capas, exibida na figura 7.30.

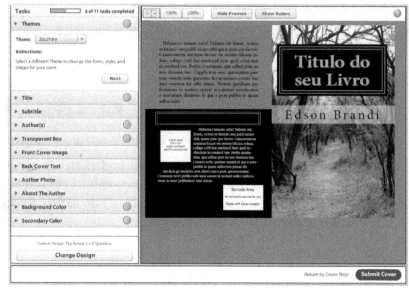

Figura 7.30 - Editor online de capas

A interface do editor é bastante simples e fácil de ser utilizada. Ela tem basicamente 2 áreas, do lado esquerdo da tela você irá encontrar as opções de personalização da capa, e do lado direito você tem um preview da capa o qual vai sendo atualizado em tempo real a medida que você avança por cada uma das tarefas de customização que a ferramenta possui.

O numero de tarefas vai variar em função do Design que você escolher, para o design selecionado no exemplo anterior (The Bonsai) a customização da capa tem 11 passos.

Themes - A primeira tarefa está relacionada a customização do tema (Theme) do layout que você escolheu. Cada layout possui em média 6 temas diferentes, estes temas alteram as fontes, estilos e imagens da sua capa. Para ver como um tema afeta a sua capa basta selecioná-lo para que o preview se atualize. Se você desejar alterar a posição dos elementos na capa você deverá escolher um novo Layout. Depois de encontrar um tema que lhe agrade, clique no botão "Next" para passar para a próxima tarefa.

Title - Neste passo você poderá alterar o título do seu livro caso seja necessário, para isto basta digitar o título desejado e clicar no botão "Apply" para atualizar o preview. Este campo virá preenchido por padrão com título que você informou durante a fase inicial de configuração do seu livro. Quando estiver satisfeito com o título, pressione "Next" para avançar.

Subtitle - Neste passo você poderá alterar o subtítulo do seu livro. Digite o texto desejado e pressione o botão "Apply" para atualizar o seu preview. Caso você não tenha um subtítulo ou não queira que o mesmo apareça na capa, basta desmarcar a opção "Visible", para que este elemento desapareça da sua capa. Quando estiver satisfeito com o subtítulo, pressione "Next" para avançar.

Author - Neste passo você poderá alterar o nome do author. Digite o texto desejado e pressione o botão "Apply" para atualizar o seu preview. Caso você não queira que o nome do autor apareça na capa, basta desmarcar a opção "Visible" para que este elemento desapareça. Este campo virá preenchido por padrão com o nome de autor que você informou durante a fase inicial de configuração do seu livro. Quando estiver satisfeito, pressione "Next" para avançar.

Transparent Box - O design escolhido no exemplo possui uma caixa translucida sob o nome do autor, caso você não queira que a mesma apareça, basta desmarcar a opção "Visible" para que este elemento desapareça. Quando estiver satisfeito, pressione "Next" para avançar.

Front Cover Image - Neste passo você poderá alterar a imagem que aparece na capa do seu livro. Você poderá escolher qualquer uma das 2711 imagens oferecidas pela CreateSpace sem precisar se preocupar com os direitos autorais das mesmas, para visualizar as imagens disponíveis basta clicar no botão "Use one of our images".

Ao fazer isto você irá visualizar a tela inicial da galeria de imagens, exibida na figura 7.31.

Figura 7.31 - Tela de boas vindas da galeria de imagens

Para começar a navegar pela galeria basta clicar no link "Get Started".

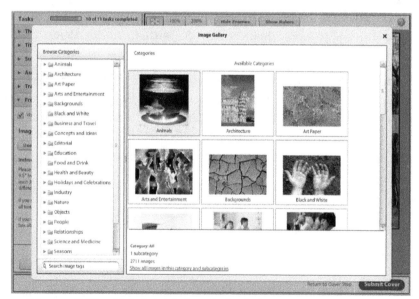

Figura 7.32 - Tela inicial da galeria de imagens

156

Quando localizar uma imagem que sirva para a sua capa, clique na miniatura para visualizar os seus detalhes da imagem, como mostrado na figura 7.33.

Figura 7.33 - Detalhes da imagem

Para escolher a imagem como a sua imagem de capa basta clicar no botão "Use This Image".

Depois de selecionar a imagem você poderá rotacioná-la e/ou realinhá-la na capa utilizando os controles que serão exibidos na coluna lateral esquerda. Os controles podem ser vistos na figura 7.34.

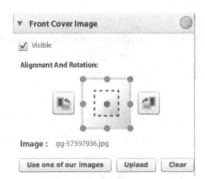

Figura 7.34 - Controle de alinhamento e rotação

A imagem poderá ser realinhada clicando-se em qualquer um dos pontos cinza.

Se você não encontrar nenhuma imagem que lhe agrade você poderá fazer o upload de uma imagem sua e para a qual você detenha os direitos de uso.

Observe que a CreateSpace recomenda que a imagem enviada tenha no mínimo 300 DPIs e que seu tamanho seja de 6,25 polegadas de largura por 9,5 polegadas de altura, se você enviar uma imagem num tamanho diferente ela será redimensionada e poderá perder qualidade no processo. Se a sua imagem tiver algum texto, ele deverá estar no mínimo meia polegada distante das bordas.

Se você não quiser exibir uma imagem na sua capa, basta desmarcar a opção "Visible" para que ela desapareça.

Quando estiver satisfeito com o alinhamento da imagem, pressione "Next" para avançar.

Back Cover Text - Neste passo você irá editar o texto que será exibido na parte de trás do seu livro. Basta digitar o texto desejado e clicar no botão "Apply" para atualizar o preview. Se você não quiser exibir um texto nesta parte da capa, basta desmarcar a opção "Visible" para que ele desapareça. Quando estiver satisfeito com o texto, pressione "Next" para avançar.

Author Photo - Neste passo você deverá fazer upload de uma foto sua para ser utilizada na sessão "Sobre o Autor" na contra capa do seu livro. A foto deverá ter 300 DPIs e possuir pelo menos 1,5" de largura e de altura. Os formatos aceitos são JPG e TIFF. Se você não quiser exibir a sua foto nesta parte da capa, basta desmarcar a opção "Visible" para que ela desapareça. Quando estiver satisfeito com a imagem, pressione "Next" para avançar.

About The Author - Neste passo você irá editar o texto do seu mini currículo que será exibido na contra capa do seu livro. Basta digitar o texto desejado e clicar no botão "Apply" para atualizar o preview. Se você não quiser exibir um texto com o seu mini currículo basta desmarcar a opção "Visible" para que ele desapareça. Quando estiver satisfeito com o texto, pressione "Next" para avançar.

Background Color - Neste passo você irá escolher qual será a cor de fundo da sua capa. Para alterar a cor basta clicar na cor atual que o editor irá lhe apresentar a paleta com as cores disponíveis, como mostrado na figura 7.35.

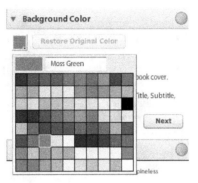

Figura 7.35 - Paleta de cores

Ao clicar na cor desejada o preview será atualizado. Quando estiver satisfeito com a cor escolhida, pressione "Next" para avançar.

Secondary Color - Neste passo você irá escolher qual será a cor secundária da sua capa. Para alterar a cor basta clicar na cor atual para exibir a paleta com as cores disponíveis, e depois clicar na cor desejada. Quando estiver satisfeito com a cor escolhida, pressione "Next" para avançar.

Ao clicar em "Next" na última tarefa de personalização o editor irá voltar para a primeira tarefa. Como pode ver no exemplo da figura 7.36 abaixo, ao final da customização da capa todas as tarefas estarão com status de concluídas, o que é indicado por uma bola verde na frente de cada uma delas.

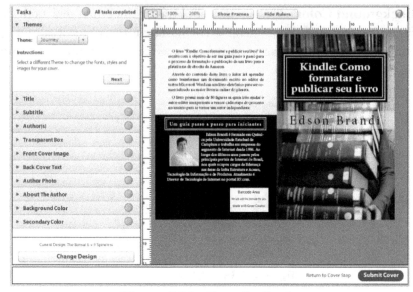

Figura 7.36 - Capa finalizada

Se você não gostar da capa que criou, não tem problema, você poderá escolher outro Layout e efetuar qualquer ajuste que desejar, na figura 7.37 abaixo você pode ver uma segunda opção de capa usando um layout diferente do escolhido no primeiro exemplo.

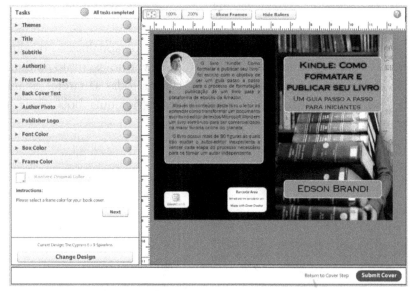

Figura 7.37 - Outro exemplo de capa

Quando você ficar satisfeito com a capa que criou basta pressionar o botão "Submit Cover" para salvá-la e sair do editor. Ao salvar a sua capa você irá visualizar a tela exigida na figura 7.38 enquanto a CreateSpace processa a sua capa.

Figura 7.38 - Submissão da capa criada no cover creator

Ao final do processo de submissão você será encaminhado para a tela anterior, a qual agora irá exibir uma miniatura da capa que você acabou de criar, como mostrado na figura 7.39 abaixo.

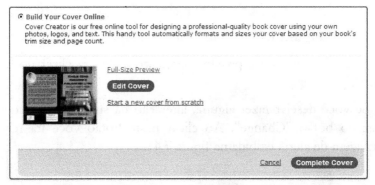

Figura 7.39 - Capa submetida com sucesso

Para finalizar o processo de configuração da sua capa e seguir para a próxima fase basta você clicar no botão "Complete Cover". Você poderá voltar a esta tela no futuro e editar a sua capa caso precise efetuar algum ajuste, porém se você alterar o método de envio da sua capa, escolhendo por exemplo, realizar upload de um arquivo externo, a capa você criou na ferramenta online será deletada.

Ao clicar no botão "Complete Cover" você irá visualizar a tela exibida na figura 7.40 abaixo:

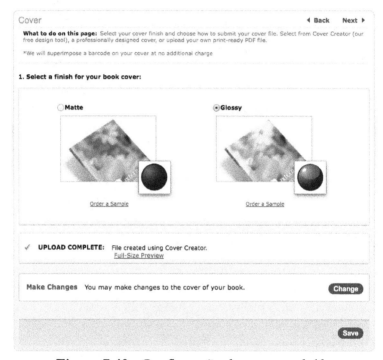

Figura 7.40 - Configuração da capa concluída

Para avançar para a próxima etapa você devera clicar no botão "Save".

Se você desejar fazer alguma alteração na sua capa você deverá clicar no botão "Change". Ao clicar neste botão você irá receber mensagem de alerta exibida na figura 7.41.

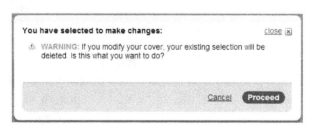

Figura 7.41 - Mensagem de alerta

Se você optar por prosseguir com a alteração você deverá clicar no botão "Proceed", e como alertado anteriormente se você alterar o meio de envio da sua capa, a sua capa atual será deletada.

Contratando os serviços profissionais da CreateSpace

A outra opção para criação de uma capa para o seu livro é através da contratação dos serviços profissionais da CreateSpace, para isso selecione a opção "Professional Cover Design" na tela exibida na figura 7.27. Ao selecionar esta opção você irá visualizar o formulário de contato exibido na figura 7.42 abaixo.

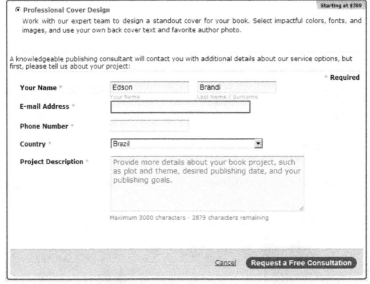

Figura 7.42 - Formulário de contato

Preencha o mesmo com as suas informações de contato e escreva um pequeno briefing de como gostaria a sua capa. Depois de preencher o formulário basta clicar no botão "Request a Free Consultation" e aguardar pelo contato do representante de vendas da CreateSpace.

Fazendo o upload de um arquivo com a sua capa

A última opção para envio da sua capa consiste no upload de um arquivo em formato PDF criado seguindo as especificações já apresentadas no capítulo 4.

Para usar esta opção você deve selecionar a opção "Upload a Print-Ready PDF Cover" na tela exibida na figura 7.27. Ao selecionar esta opção você irá visualizar a tela exibida na figura 7.43 abaixo.

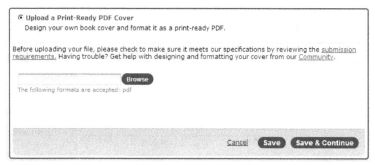

Figura 7.43 - Escolhendo o arquivo da capa para upload

Depois basta clicar no botão "Browse" para poder selecionar o arquivo PDF que contém a sua capa. Uma vez selecionado o arquivo você deverá clicar no botão "Save & Continue" para iniciar o processo de upload. Enquanto o upload estiver em progresso você irá visualizar a a mensagem exibida na figura 7.44.

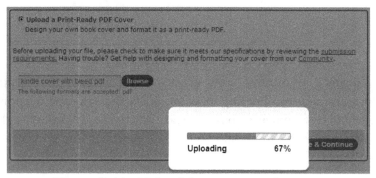

Figura 7.44 - Upload da capa em andamento

Ao final do upload você irá visualizar a tela exibida na figura 7.45.

Figura 7.45 - Upload realizado com sucesso

Para prosseguir para a próxima etapa você deverá clicar no botão "Continue".

Revisando suas opções e submetendo o livro para revisão

Esta tela será exibida após o ultimo passo da etapa da configuração da sua capa, independente do método que tiver escolhido para configurá-la.

Nesta fase você terá a oportunidade de revisar as principais opções que escolheu durante as fases anteriores de configuração do seu livro, a tela desta fase pode ser vista na figura 7.46.

Figura 7.46 - Revisando o setup do seu livro

Se todas as opções estiverem corretas, podemos finalizar a configuração do livro e submeter o mesmo para a revisão final da equipe da CreateSpace. Para isto você deverá clicar no botão "Submit Files for Review". O processo de revisão leva normalmente 24 horas e você será comunicado por e-mail quando o processo for finalizado.

Durante o processo de revisão pela equipe da CreateSpace você não conseguirá fazer nenhuma alteração no seu livro, se você navegar manualmente para a etapa "Complete Setup" utilizando o menu lateral esquerdo você irá visualizar a tela exibida na figura 7.47.

Figura 7.47 - Alterações bloqueadas

Uma tela semelhante será exibida se você tentar navegar manualmente pelo menu lateral para a etapa "File Review", como mostrado na figura 7.48.

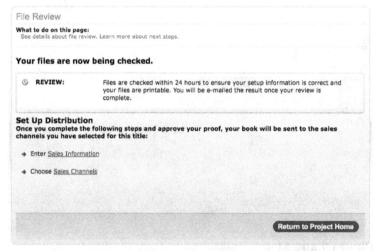

Figura 7.48 - Revisão em andamento

Configurando seus canais de distribuição

Para que você não perca tempo aguardando o término do review do seu livro pela equipe da CreateSpace, quando você clicar no botão "Submit Files for Review" existente na figura 7.46, a plataforma irá encaminhá-lo para a próxima fase do processo de publicação na qual você poderá escolher os canais de distribuição nos quais irá vender seu livro.

A tela que a plataforma irá lhe apresentar pode ser vista na figura 7.49 abaixo.

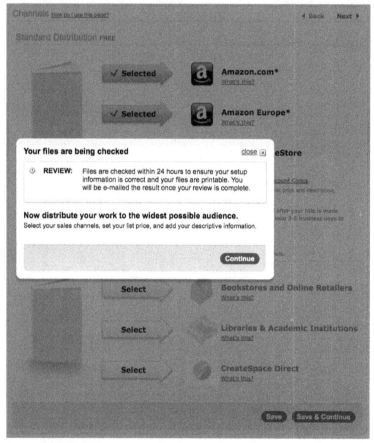

Figura 7.49 - Mensagem de alerta sobre o processo de revisão

Clique no botão "Continue" da mensagem de alerta para poder continuar. Assim que a tela for desbloqueada você irá visualizar os canais padrões de distribuição na parte superior da tela, eles já estarão todos pré-selecionados, como mostra a figura 7.50.

Figura 7.50 - Canais padrões de distribuição

Acredito que as opções sejam auto explicativas.

Na parte inferior da tela você irá visualizar os canais de distribuição expandida, você deverá selecionar manualmente os canais desejados clicando nas setas cinza que contém a palavra "Select", de forma que elas fiquem azuis e exibam a palavra "Selected", como mostrado na figura 7.51.

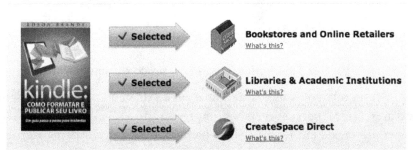

Figura 7.51 - Canais de distribuição expandida

Para salvar a seleção dos canais de distribuição que você pretende utilizar e passar para a próxima etapa basta clicar no botão "Save & Continue".

Configurando o preço do seu livro

A próxima etapa do processo de publicação é a configuração de qual será o seu preço de venda. Esta configuração é realizada na tela exibida na figura 7.52.

Figura 7.52 - Configurando o preço do seu livro

Nesta tela você deverá definir o preço de venda do seu livro em dólares (US$) para as versões impressas nos EUA, bem como o preço de venda em Euros (EUR) para os livros impressos na Europa continental e o preço em Libras (GBP) para os livros impressos na Grã-Bretanha.

Você tem a opção de definir o preço em Euros e em Libras automaticamente a partir do preço em dólares americanos, para isso basta marcar as opções "Yes, suggest a GBP price based on U.S. price" e "Yes, suggest a EUR price based on U.S. price" respectivamente.

Se você configurar o preço de venda do seu livro de forma que ele seja igual ao valor mínimo sugerido para cada moeda você irá receber zero de royalties para os livros que forem comercializados através dos canais de distribuição expandida, desta forma procure sempre trabalhar com valores superiores ao mínimo sugerido.

Sempre que você alterar o preço de venda você deverá clicar no botão "Calculate" para visualizar o valor de royalty esperado para as vendas em cada canal de distribuição.

Para prosseguir para o próximo passo basta clicar no botão "Save & Continue".

Confirmando o tipo de acabamento da sua capa

Por algum motivo que desconheço a CreateSpace pergunta novamente nesta etapa qual o tipo de acabamento da capa do seu livro.

A tela desta fase pode ser vista na figura 7.53, escolha o mesmo tipo de acabamento que você escolheu na etapa de configuração da sua capa e clique no botão "Save & Continue" para prosseguir para a próxima etapa.

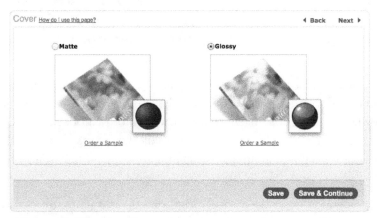

Figura 7.53 - Confirmando o tipo de acabamento da capa

Configurando as informações de catalogação e divulgação do seu livro

A última fase do processo de configuração do seu livro está relacionada ao fornecimento das informações necessárias para a divulgação do mesmo nas lojas nas quais ele será comercializado.

A primeira parte do formulário desta etapa pode ser visto na figura 7.54 abaixo.

Figura 7.54 - Descrição do seu livro

Nesta parte do formulário você deverá informar no campo "Description" uma descrição do seu livro a qual será exibida na eStore da CreateSpace e na página de detalhes do seu livro na Amazon.com. A descrição deverá conter no máximo 4.000 caracteres.

Você deverá ainda selecionar qual a categoria mais adequada ao conteúdo do seu livro e na qual ele deverá ser listado nas lojas. Para escolher a categoria basta clicar no botão "Choose...", isto irá expandir a árvore de categorias exibida na figura 7.54. Quando localizar a categoria adequada, selecione a mesma com o seu mouse e depois clique no botão "Choose this Category".

A segunda parte do formulário pode ser vista na figura 7.55, nela você deverá entrar com algumas informações adicionais sobre o seu livro:

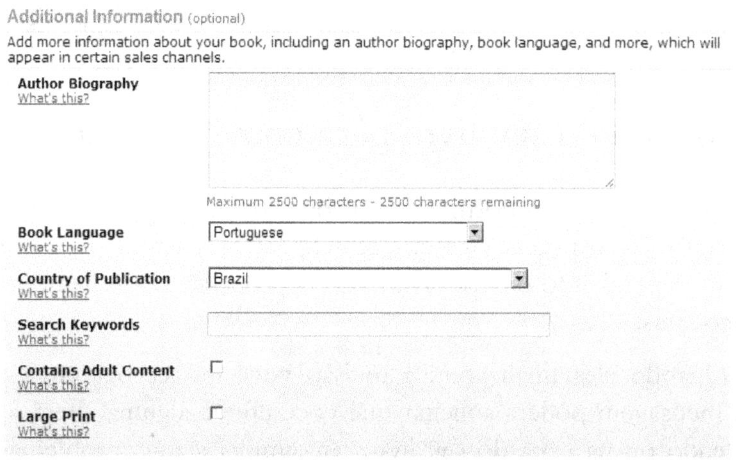

Figura 7.55 - Informações adicionais

Nesta parte do formulário você poderá digitar mini currículo de até 2.500 caracteres no campo "Author Biography", deverá informar o idioma do livro no campo "Book Language", bem como informar o país no qual o livro foi publicado no campo "Country of Publication", sendo que o país informado deve ser compatível com o ISBN utilizado, ou seja, se você estiver utilizando um ISBN disponibilizado pela CreateSpace o país deverá ser informado como United States.

No campo "Search Keywords" você deverá informar 5 palavras chaves para serem associadas ao seu livro, as palavras deverão ser separadas umas das outras por virgulas.

Se o seu livro contiver conteúdo impróprio para menores de 18 anos você deverá selecionar a opção "Contagens Adult Content".

Se ele tiver sido formatado utilizando fontes grandes, destinadas a facilitar a sua leitura por pessoas com problemas de visão, você deverá selecionar a opção "Large Print".

Para finalizar esta etapa, clique no botão "Save & Continue".

A próxima etapa está relacionada a publicação do seu livro em formato eletrônico para o Kindle, e falaremos rapidamente sobre ela no final deste capítulo.

Agora você terá que esperar pelo e-mail da equipe da CreateSpace com o status da revisão do seu original, enquanto ele não chegar não temos como prosseguir com o processo de publicação.

Aprovando o seu livro para comercialização

Como comentei anteriormente o processo de revisão do seu livro (interior e capa) pela equipe da CreateSpace leva em média 24 horas, porém dependendo da época do ano o processo pode demorar um pouco mais.

Quando eles finalizarem a revisão você irá receber um e-mail, esta mensagem poderá solicitar que você efetue alguma alteração no conteúdo ou na capa do seu livro, eu simulei alguns problemas em submissões anteriores e abaixo você poderá visualizar alguns exemplos destas mensagens.

A figura 7.56 apresenta um exemplo de email no qual eles reprovaram a capa do livro, pois o título exibido na mesma não era o mesmo título que foi cadastrado na plataforma.

Edson Brandi

Files for Kindle: Como formatar ..., #4135692 require your attention
1 message

no_reply@createspace.com <no_reply@createspace.com>   Thu, Jan 17, 2013 at 7:39 PM
To:

The interior and cover files for Kindle: Como formatar ..., #4135692 have been reviewed.

The cover file does not meet our submission requirements for the reason(s) listed below. Please make any necessary adjustments to your cover file and upload it again by logging in to createspace.com.

The title for this book was listed as Kindle: Como formatar e publicar seu livro - Um guia passo a passo para iniciantesbut the cover indicates that the title is title name mismatch-Kindle: Como formatar
e publicar seu livro
. The title displayed on the cover must match the title entered during title setup.

The Interior file meets our submission requirements; it is not necessary for you to make any revisions to this file or upload it again.

Best regards,

The CreateSpace Team

Figura 7.56 - Reprovação por problema com o título da capa

A figura 7.57 apresenta um exemplo de email no qual eles reprovaram o interior do livro, pois o ISBN exibido na página de copyright é diferente do ISBN que foi cadastrado na plataforma, observe que o e-mail informa que a capa foi aprovada e que os revisores encontraram alguns outros problemas não críticos (no caso, a resolução das imagens que usei no arquivo de exemplo).

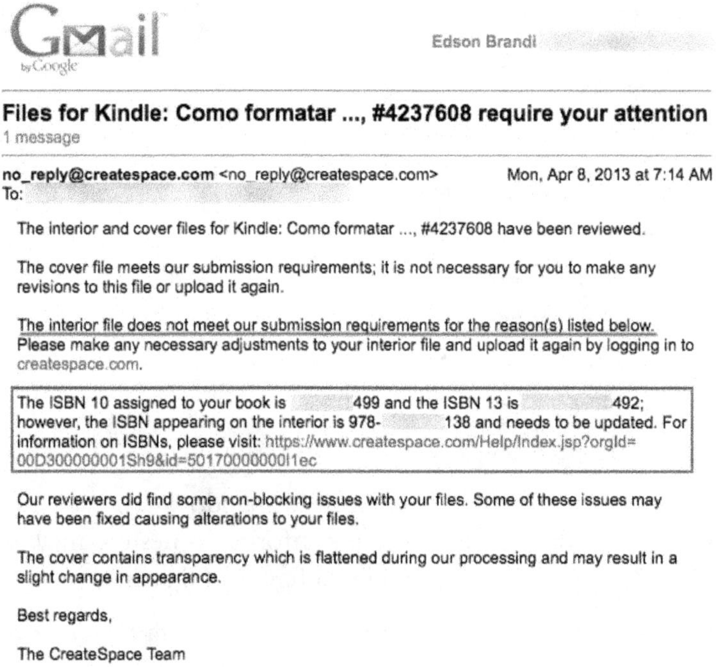

Edson Brandi

Files for Kindle: Como formatar ..., #4237608 require your attention
1 message

no_reply@createspace.com <no_reply@createspace.com>   Mon, Apr 8, 2013 at 7:14 AM
To:

The interior and cover files for Kindle: Como formatar ..., #4237608 have been reviewed.

The cover file meets our submission requirements; it is not necessary for you to make any revisions to this file or upload it again.

The interior file does not meet our submission requirements for the reason(s) listed below.
Please make any necessary adjustments to your interior file and upload it again by logging in to createspace.com.

The ISBN 10 assigned to your book is   499 and the ISBN 13 is   492; however, the ISBN appearing on the interior is 978-   138 and needs to be updated. For information on ISBNs, please visit: https://www.createspace.com/Help/Index.jsp?orgId= 00D300000001Sh9&id=5017000000I1ec

Our reviewers did find some non-blocking issues with your files. Some of these issues may have been fixed causing alterations to your files.

The cover contains transparency which is flattened during our processing and may result in a slight change in appearance.

Best regards,

The CreateSpace Team

Figura 7.57 - Reprovação por problema com o ISBN no interior do livro

A figura 7.58 apresenta um exemplo de email no qual eles aprovaram o conteúdo e a capa do livro, liberando o mesmo para o processo revisão final.

Edson Brandi

Proof is ready to order: Kindle: Como formatar ..., #4237608

1 message

no_reply@createspace.com
<no_reply@createspace.com>
To:

Mon, Apr 8, 2013 at 12:27
PM

Congratulations your files are printable!
We've reviewed the interior and cover files for Kindle: Como formatar ..., #4237608
and they meet submission requirements.

The next step in the publishing process is to proof your book:

FOLLOW THIS LINK TO GET STARTED:

```
••••••••••••••••••••••••••••••••••••••••
https://tsw.createspace.com/title/4237608/review
••••••••••••••••••••••••••••••••••••••••
```

Best regards,

The CreateSpace Team

Figura 7.58 - Livro aprovado para revisão final

Quando você receber o email informando que o seu livro foi aprovado, você deverá clicar no link informado neste e-mail. O link estará em destaque como o exibido na figura 7.58 acima.

Ao clicar no link, você será redirecionado para a tela de revisão final do seu livro, mostrada na figura 7.59 abaixo.

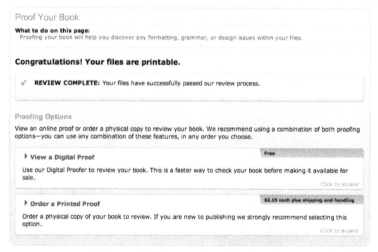

Figura 7.59 - Revisão finalizada

A CreateSpace oferece duas opções para que você faça a revisão final do seu livro antes de liberá-lo para impressão e comercialização.

Você poderá fazer a revisão final utilizando uma prova digital do seu livro, a qual pode ser realizada online e que não terá custo para você, ou então você poderá solicitar uma prova impressa do seu livro.

É altamente recomendado que você faça a prova do seu livro utilizando uma cópia impressa e se possível encomende mais de uma para que você possa pedir a ajuda de algum amigo ou familiar nesta revisão final.

Prova Digital

Se você optar por realizar a revisão final do seu livro de forma digital, basta você clicar no item "View a Digital Proof" na figura 7.59, ao fazer isto esta área irá se expandir e você irá visualizar a tela exibida na figura 7.60 abaixo.

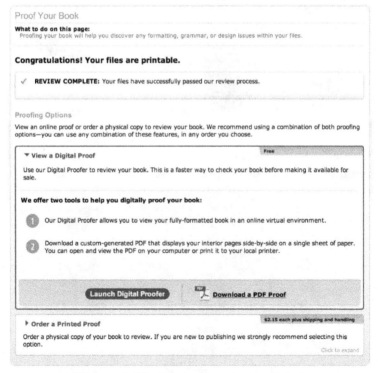

Figura 3.60 - Iniciando a prova digital

Nesta tela você também poderá efetuar o download de um arquivo em formato PDF do interior do seu livro o qual você poderá ler em qualquer computador ou mesmo imprimir na sua impressora, este arquivo não exibe a capa do seu livro.

Para iniciar a prova digital do seu livro, clique no botão "Launch Digital Proofer", a tela de boas vindas do aplicativo pode ser vista na figura 7.61 abaixo.

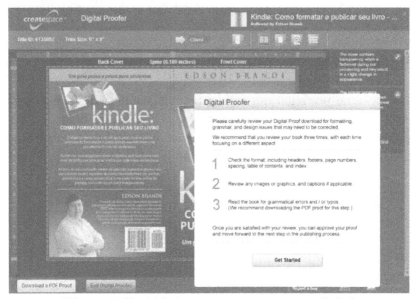

Figura 7.61 - Tela instruções para a prova digital

Clique no botão "Get Started" para iniciar a revisão. A tela inicial do aplicativo de prova digital pode ser vista na figura 7.62.

Figura 7.62 - Tela inicial do aplicativo de prova digital

Nesta tela inicial você poderá verificar como ficou a capa do seu livro após eventuais ajustes realizados pela equipe da CreateSpace, se você observar a coluna da direita possui um aviso de que eles "achataram" (flattened) um efeito de transparência que a minha capa possuía e que ainda estava em uma camada diferente no arquivo que eu enviei.

Você irá localizar alguns ícones de ação na parte superior do aplicativo, eles alteram o modo de visualização do seu livro. Por exemplo, se você clicar no primeiro ícone a esquerda, logo após a palavra cover, você irá poder visualizar qual será a aparência do seu livro em 3 dimensões, como mostrado na figura 7.63 abaixo.

Figura 7.63 - Preview da capa em 3D

Para voltar para a visualização do interior do livro basta clicar no ícone que se parece com um livro aberto. Utilize os botões na lateral das paginas para navegar pelo interior do livro.

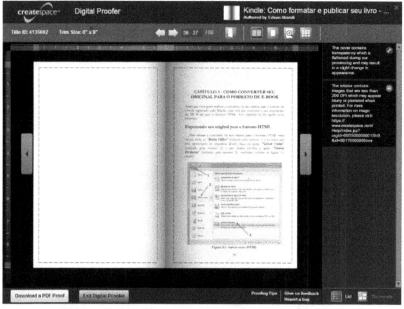

Figura 7.64 - Navegando pelo interior da prova

Tome nota de todos os ajustes necessários. Quando terminar a sua revisão clique no botão "Exit Digital Proofer" para sair do aplicativo. Ao sair do aplicativo você será direcionado para a tela principal da etapa de revisão final. Esta tela terá duas novas opções de ação disponível, como mostrado na figura 7.65 abaixo.

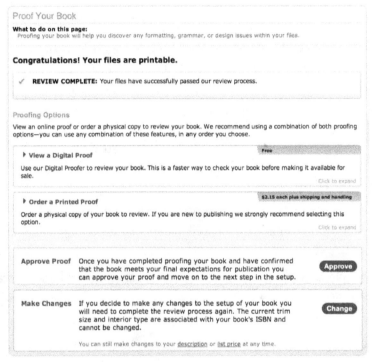

Figura 7.65 - Tela de revisão final após visualização da prova digital

Se você encontrou problemas e existem ajustes necessários, você deverá clicar no botão "Change" para reiniciar o processo de aprovação, isto é necessário para que você possa efetuar um novo upload do interior ou da capa do seu livro. Ao clicar neste botão você irá receber o alerta exibido na figura 7.66 avisando de que se você continuar o livro terá que ser submetido novamente para aprovação da CreateSpace.

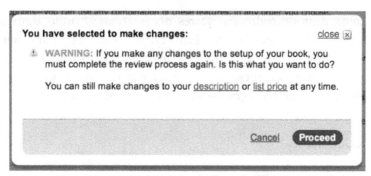

Figura 7.66 - Mensagem de alerta

Basta clicar em "Proceed" para continuar. A partir deste ponto o ciclo pelo qual você passou anteriormente irá se repetir, você irá efetuar um novo upload do seu material, irá revisá-lo e submetê-lo para nova revisão da CreateSpace, depois irá aguardar o e-mail com o resultado desta revisão e só então poderá realizar novamente a prova final do seu livro.

Se você não encontrou nenhum problema durante a revisão final basta clicar no botão "Approve" para concluir a etapa de revisão final.

Ao clicar neste botão você irá visualizar a tela exibida na figura 7.67 abaixo.

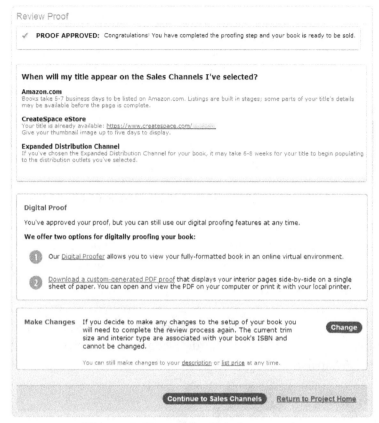

Figura 7.67 - Prova digital aprovada

Parabéns!!! Se você tiver seguido todos os passos descritos até agora, o seu livro já está disponível para a venda imediata na eStore da CreateSpace uma vez que você já completou anteriormente o setup dos seus canais de distribuição, já definiu o preço de venda do seu livro, já escolheu o tipo de acabamento que deseja utilizar para a sua capa e já preencheu as informações sobre o seu livro necessárias para que o mesmo apareça na loja (Descrição, Biografia, etc.).

Prova Física

A revisão através de uma cópia impressa do livro é importante para que você possa avaliar como ele ficará impresso, como será a qualidade da impressão da capa, das imagens, etc.

Se você deseja realizar a revisão final utilizando uma cópia impressa do seu livro, você deverá escolher a opção "Order a Printed Proof" na tela exibida na figura 7.59. Ao escolher esta opção esta área da tela irá se expandir, como mostrado na figura 7.68 abaixo.

Figura 7.68 - Solicitando uma prova física

Observe que o valor exibido no canto direito superior desta área da tela será igual ao valor do custo de impressão do seu livro, logo o valor que você irá visualizar será provavelmente diferente do exibido no exemplo acima.

Para encomendar a cópia física do seu livro, basta clicar em "Proceed to Cart". Ao fazer isso você será encaminhado para um carrinho de compras tradicional de e-commerce, como mostrado na figura 7.69 abaixo.

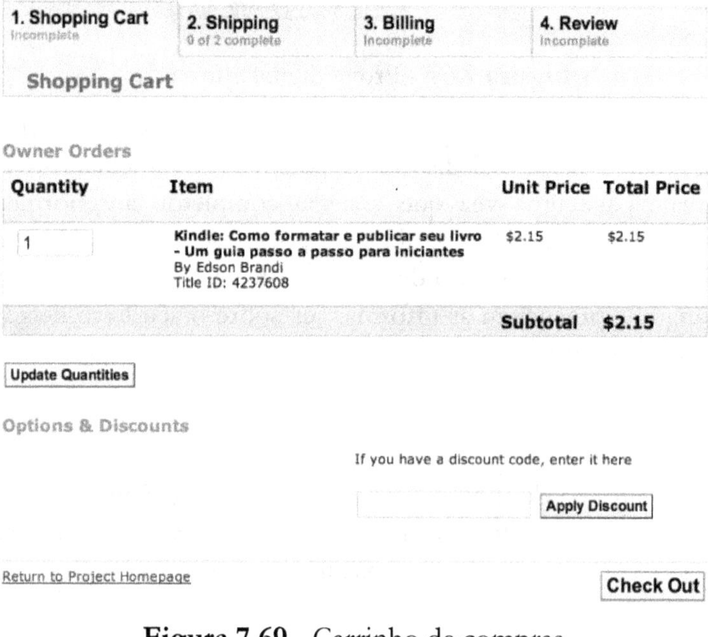

Figura 7.69 - Carrinho de compras

O processo é bastante simples e tem apenas 4 etapas. Na primeira você vai informar quantas cópias de prova você deseja, na segunda você vai escolher o perfil de frete que você configurou anteriormente, na terceira você irá escolher o perfil de faturamento que também já foi configurado anteriormente, na quarta e ultima etapa você deverá revisar se os dados entrados anteriormente (Quantidade, Endereço de entrega, Dados de Cobrança) estão corretos, se estiverem basta você concluir a compra.

Uma vez que tiver concluído o processo de compra, basta ter paciência e aguardar o recebimento do livro físico, mas você não precisa esperar pelo livro para iniciar a sua revisão, você pode ir adiantando o processo utilizando a prova digital.

A aprovação que você deve realizar no sistema da CreateSpace após o término da revisão da cópia impressa do seu livro é realizada exatamente da mesma forma como descrita anteriormente, ou seja, basta clicar no botão "Approve" na tela exibida na figura 7.65.

Acompanhando suas vendas

Depois que a prova do seu livro tiver sido aprovada, você poderá confirmar se ele está disponível para venda visitando o seu Dashboard, para isto basta clicar no link "Return to Member Dashboard" no menu existente na lateral esquerda da sua tela. A figura 7.70 mostra um exemplo da tela de Dashboard, após a publicação de um livro.

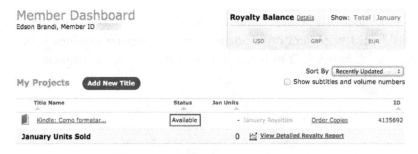

Figura 7.70 - Tela de Dashboard

Nesta tela você terá um resumo da sua conta, nela serão listados todos os livros que você tiver publicado pela CreateSpace, a coluna

"Status" vai indicar se o livro está disponível (Available) para venda e qual o número de cópias vendidas no mês atual. Na parte superior você terá um resumo dos seus royalties.

Se você desejar um relatório mais detalhado sobre as suas vendas, você pode clicar no link "View Detailed Royalty Report" que existe na parte inferior da lista de livros. Ao clicar neste link você será redirecionado para a área de relatórios, mostrada na figura 7.71 abaixo.

Figura 7.71 - Relatórios de venda

Nesta tela você poderá gerar relatórios customizados por livro e por canal de distribuição, também poderá consultar os detalhes sobre os seus royalties e sobre o histórico de pagamentos recebidos.

Página de projeto

Se você clicar no título de um dos seus livros na tela de Dashboard você será direcionado para a página de detalhes sobre o mesmo. A figura 7.72 mostra o exemplo de uma destas páginas.

Figura 7.72 - Página de projeto

A partir desta tela você poderá acessar novamente qualquer uma das etapas que você percorreu durante o processo de configuração do seu livro.

Você não poderá alterar os dados que você informou nas etapas "Title Information" e "ISBN" do processo de configuração do seu livro, os dados informados durante as demais etapas podem ser alterados a qualquer momento.

Se você realizar alguma alteração no interior ou na capa do seu livro, o mesmo ficará fora de comercialização até que você finalize um novo processo de revisão e aprovação do seu livro. Alterações realizadas nos demais itens, tais como canais de distribuição, preço, descrição, etc não requerem que o livro passe novamente pelo processo de aprovação e, portanto não afetam a disponibilidade do livro quando alterados.

Publicando seu livro para o Kindle

A CreateSpace oferece ao autor a opção de publicar seu livro em formato eletrônico na plataforma do Kindle, você pode acessar esta opção clicando no item "Publish on Kindle" que existe no bloco "Distribute" no topo da pagina de detalhes do seu livro exibida na figura 7.72. Se você acessar esta opção você irá visualizar a tela exibida na figura 7.73 abaixo.

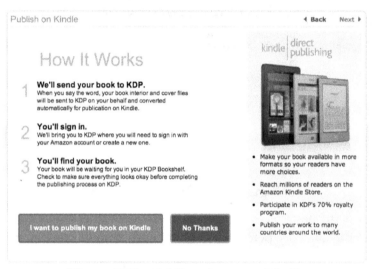

Figura 7.73 - Publicando para o Kindle

Se você clicar em "I want to publish my book on Kindle" a CreateSpace irá enviar os arquivos com o interior e a capa do seu livro para a plataforma de publicação do Kindle (KDP, Kindle Direct Publish), e você será redirecionado para uma página da plataforma KDP na qual você deverá se logar com uma conta da Amazon pré existente ou que será criada na hora. Você deverá se logar na plataforma KDP e completar o processo de publicação nesta plataforma.

Caso você queira efetuar o download dos arquivos que serão enviados para a plataforma do Kindle, eles estarão disponíveis na parte de baixo da tela, como mostrado na figura 7.74.

Want to download your book cover and interior files?
Here are the files we'll be sending to KDP - feel free to download them to your computer for safe-keeping.

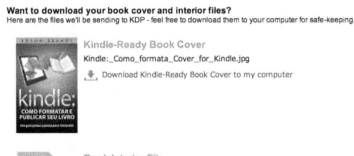

Kindle-Ready Book Cover
Kindle:_Como_formata_Cover_for_Kindle.jpg
⬇ Download Kindle-Ready Book Cover to my computer

Book Interior File
Kindle:_Como_formata_Interior_for_Kindle.DOCX
⬇ Download this file to my computer

Figura 7.74 - Download dos arquivos de interior e capa

Se você decidir não publicar seu livro nesta plataforma neste momento basta clicar na opção "No Thanks".

Mesmo escolhendo esta opção a CreateSpace continuará lhe dando a opção de enviar o seu livro para plataforma KDP no futuro, como pode ver pela figura 7.75 abaixo.

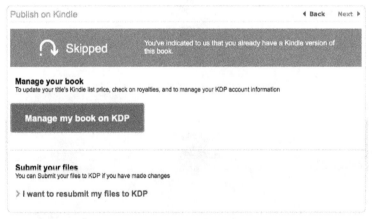

Figura 7.75 - Reenviar arquivos para a plataforma KDP

O processo de publicação de um e-book na plataforma do Kindle está fora do escopo deste livro, caso você tenha interesse neste meio de publicação sugiro que consulte o meu livro *"Kindle: Como Formatar e Publicar seu Livro"* o qual está disponível para venda na Amazon.

ANEXOS

COMO OBTER UM CÓDIGO ISBN PRÓPRIO

Você não precisa ter um ISBN para publicar um livro na plataforma da Amazon, porém é recomendado que você obtenha um, pois o mesmo irá auxiliar os usuários a localizar e a identificar com precisão o seu livro na loja.

O ISBN (International Standard Book Number) foi criado em 1967 e oficializado como norma internacional em 1972, este sistema identifica numericamente os livros de acordo com o título, o autor, o país e a editora de uma obra.

Um mesmo livro terá um número ISBN diferente para cada edição e para cada formato no qual o livro vier a ser publicado.

No Brasil a função de atribuição de um número de ISBN é da Agência Brasileira do ISBN, a qual é vinculada a Fundação Biblioteca Nacional.

Para solicitar um ISBN o autor deverá primeiramente se cadastrar como editor-autor como junto à agência.

No ato do cadastro como editor-autor você terá obrigatoriamente que publicar um livro. Existe um custo de R$ 180 para se cadastrar e um custo adicional de R$ 12 para cada número ISBN que solicitar.

Para se cadastrar o autor deverá reunir uma cópia impressa dos seguintes documentos:

1. Formulário de cadastramento como editor, disponível para download em http://goo.gl/XCltK

2. Formulário de solicitação do ISBN para o livro que está publicando no ato do cadastro, disponível para download em http://goo.gl/uENcF

3. Folha de rosto para a obra preparada seguindo o modelo disponível em http://goo.gl/1JOJh

4. Cópia Xerox do seu CPF

5. Comprovante original do pagamento da taxa de cadastramento e de requisição do ISBN, de acordo com o preço vigente na tabela disponível no URL http://goo.gl/9JNCM. As taxas devem ser pagas seguindo o procedimento de descrito no URL http://goo.gl/5jyCI

E entregá-los pessoalmente ou por correio ao escritório da agência, no endereço:

FUNDAÇÃO BIBLIOTECA NACIONAL
AGÊNCIA BRASILEIRA DO ISBN
ANDRÉA COÊLHO DE SOUZA
Rua Debret, 23, sala 803 – Centro
Rio de Janeiro - RJ - CEP 20030-080
TEL.: (21) 2220-1707 / 2220-1683 / 2220-1981
FAX: (21) 2220-1702
E-MAIL: isbn@bn.br

Após o recebimento dos documentos pela agência, o prazo para analise e emissão do número ISBN é de 5 dias úteis.

Recomendo que você consulte o manual disponível em http://goo.gl/yI7kL para saber como preencher corretamente o formulário de requisição do ISBN.

Para o preenchimento você também irá precisar da Tabela de Códigos dos Assuntos (http://goo.gl/kgkmi) e da Tabela de Idiomas (http://goo.gl/B8kGe).

Maiores informações podem ser obtidas diretamente no site da Agência Brasileira do ISBN, o qual pode ser acessado pelo URL http://www.isbn.bn.br

COMO REGISTRAR O SEU LIVRO

Você deverá apresentar o seu original para registro e averbação junto ao Escritório de Direitos Autorais (EDA) mantido pela Fundação Biblioteca Nacional para garantir o reconhecimento da sua autoria, protegendo desta forma os seus direitos morais e patrimoniais, bem como estabelecendo os prazos legais de proteção da sua obra.

O custo de registro de uma obra intelectual por pessoas físicas é de R$ 20.

Para proceder com o registro o autor deverá reunir uma cópia impressa dos seguintes documentos:

1. Formulário de Requerimento de Registro, disponível em http://goo.gl/QHKKm , preenchido de acordo com as instruções disponibilizadas em http://goo.gl/kEI6x e http://goo.gl/9X6ZG

2. Cópia Xerox do RG e CPF do autor

3. Cópia do comprovante de residência do endereço utilizado no preenchimento do formulário de requerimento

4. Comprovante original de pagamento da taxa de registro, recolhida por meio de GRU (Guia de Recolhimento da União), a qual pode ser gerada na URL http://goo.gl/mnqaH

5. Cópia impressa integral da obra que está sendo apresentada para registro, a qual deverá estar com todas as páginas numeradas e rubricadas pelo autor.

Os documentos acima deverão ser encaminhados por correio para a sede do Escritório de Direitos Autorais:

Escritório de Direitos Autorais (Sede)
Rua da Imprensa, 16/12° andar - sala 1205
Castelo - Rio de Janeiro - 20030-120
Tel: (21) 2220-0039 / 2262-0017
Fax: (21) 2240-9179

Ou então apresentados pessoalmente em um dos postos estaduais num dos seguintes endereços:

Bahia – BA
BIBLIOTECA PÚBLICA DA BAHIA
Rua General Labatut, 27, 3° andar
Barris - Salvador, CEP: 40070-100
Tel: (71) 3117-6064
Fax: (71) 3328-3940

Brasília – DF
BIBLIOTECA DEMONSTRATIVA DE BRASÍLIA
Maria da Conceição Moreira Salles
Av. 3W Sul - EQS 506/507, s/n°
Brasília - CEP: 70350-580
Tel: (61) 3244-1361
Fax: (61) 3443-3163

Espírito Santo – ES
UNIVERSIDADE FEDERAL DO ESPÍRITO SANTO
Av .Fernando Ferrari, 514
Goiabeiras - Campus Universitário, Vitória, CEP: 29060-900
Tel: (27) 3335-2370, 3335-2375
Fax: (27) 3335-2378

Mato Grosso – MT
Unic - UNIVERSIDADE DE CUIABÁ
Av. Beira Rio 3100 Grande Terceiro - Cuiabá, CEP: 78065-700
Tel: (65) 3363-1179
Fax: (65) 3363-1176

Minas Gerais – MG
Biblioteca Publica Municipal Bernardo Guimarães
Rua Alaor Prata, 317 - Centro Uberaba - MG CEP: 38015-010
Tel: (34) 3332-1900

Paraná – PR
BIBLIOTECA PÚBLICA DO PARANÁ
Rua Cândido Lopes, 133 Centro - Curitiba, CEP: 80020-901
Tel: (41) 3221-4900
Fax: (41) 3224-0575, 225-6883

Pernambuco - PE
Biblioteca Pública do Estado de Pernambuco
Rua João Lira, s/nº Bairro Santo Amaro - Recife, CEP: 50050-550
Tel: (81) 3181-2649
Fax: (81) 3181-2640

Rio de Janeiro - RJ (SEDE)
Escritório de Direitos Autorais
Rua da Imprensa, 16/12º andar - sala 1205
Castelo - Rio de Janeiro - 20030-120
Tel: (21) 2220-0039, 2262-0017
Fax: (21) 2240-9179

Santa Catarina - SC
UNIVERSIDADE DO ESTADO DE SANTA CATARINA
Av. Madre Benvenuta, 2007 Florianópolis CEP: 88.035-001
Tel: (48) 9142 5812.

São Paulo - SP
Alameda Nothmann, 1058
Campos Elíseos - São Paulo, CEP: 01216-001
Horário de atendimento de 10:00 às 16:00 horas.
Tel: (11) 3825-5249

Maiores informações podem ser obtidas diretamente no website do Escritório de Direitos Autorais, o qual pode ser acessado pelo URL http://goo.gl/1MAaN

Para compreender melhor como funciona o direito autoral no Brasil, recomendo a leitura dos seguintes documentos:

Lei do Direito Autoral, nº 9.610, de 19/fev/1998 - http://goo.gl/ZdQ0J

Norma vigente do EDA para realizar registro/ou averbação de obras intelectuais - http://goo.gl/XxVTC

OUTROS LIVROS PUBLICADOS PELO AUTOR

<u>KINDLE: COMO FORMATAR E PUBLICAR SEU LIVRO - UM GUIA PASSO A PASSO PARA INICIANTES</u>

O livro "Kindle: Como formatar e publicar seu livro" foi escrito com o objetivo de ser um guia passo a passo para o processo de formatação e publicação de um livro para a plataforma de e-books da Amazon.

Através do conteúdo deste livro o leitor irá aprender como transformar um documento escrito no editor de textos Microsoft Word em um livro eletrônico para ser comercializado na maior livraria online do planeta.

O livro possui mais de 80 figuras as quais irão ajudar o autor-editor inexperiente a vencer cada etapa do processo necessário para se tornar um autor independente.

SOBRE O AUTOR

Edson Brandi é formado em Química pela Universidade Estadual de Campinas e trabalha em empresas do segmento de Internet desde 1996. Ao longo dos últimos anos passou pelos principais portais de Internet do Brasil, nos quais ocupou cargos de liderança nas áreas de Infra Estrutura e Acesso, Tecnologia da Informação e de Produtos.

É um dos mais reconhecidos nomes da comunidade de usuários FreeBSD no Brasil, sendo um dos fundadores do "Grupo de Usuários FreeBSD no Brasil, FUG-BR". Ele participa ativamente do Projeto FreeBSD, sendo o committer responsável pelo projeto de tradução da documentação oficial para o português brasileiro.

No Blog do Brandi (blog.ebrandi.eti.br) ele escreve sobre os mais variados assuntos, abordando temas da atualidade relacionados a área de Tecnologia, Internet, Segurança da Informação, Administração de Sistemas, Literatura, Mercado Financeiro dentre muitos outros.

O autor mantém uma lista de discussão destinada a troca de informações e experiências entre autores interessados em publicar seus livros na plataforma de e-books da Amazon. Caso queira participar se inscreva através da seção Kindle-L no endereço http://kindle.primeirospassos.org.

O currículo completo do autor por ser consultado pelo LinkedIn no endereço http://edsonbrandi.com

www.ingramcontent.com/pod-product-compliance
Lightning Source LLC
Chambersburg PA
CBHW071147050326
40689CB00011B/2017

* 9 7 8 1 4 9 4 9 3 4 5 2 1 *